व्यक्तित्व विकास : विविध निबन्ध

व्यक्तित्व विकास
विविध निबन्ध

संपादक

डॉ. लक्ष्मीनारायण शर्मा

अंतरंग प्रकाशन
2/27, त्रिलोकपुरी, दिल्ली-110091

ISBN : 978-81-906422-8-9

अंतरंग प्रकाशन
2/27, त्रिलोकपुरी, दिल्ली-110091
द्वारा प्रकाशित
संस्करण : 2011

मूल्य : 135.00
शिवशक्ति ऑफसेट, शाहदरा, दिल्ली-110032
द्वारा मुद्रित

अंतरंग प्रकाशन, वाणी प्रकाशन की सहयोगी संस्था

अनुक्रम

युग मनीषा

एक मन होता है व्यक्ति का; जिसके माध्यम से वह अपने आस-पास के बाहरी जगत को देखता है। वह जो कुछ देखता-सुनता है, उसके अनुसार अपने मन के भीतर एक दुनिया का निर्माण कर लेता है। मन के भीतर बसी उस दुनिया को हम व्यक्ति का मानसलोक अथवा भावलोक कह सकते हैं। अपने उस भीतरी मन के संसार की रचना वह स्वयं ही करता है। इस आंतरिक रचना के निर्माण के लिए वह बाहरी दुनिया का कुछ छोड़ देता है और कुछ रख लेता है। अधिकांशतः वह सब उसके भीतरी मन का सृजन होता है। उदाहरण के लिए किसी को दुनिया में किसी का स्नेह सम्बल न मिले तो अपने भीतर वह स्नेह और प्यार की भरी पूरी दुनिया बसा लेता है। प्रतिक्रियावश वह स्नेह अथवा प्रेम के स्थान पर विरक्ति अथवा घृणा की दुनिया भी बसा सकता है। उसके मानसलोक में उसके आदर्श भी स्थान पाते हैं; आकांक्षाएँ भी; और पूरे अथवा आधे-अधूरे सपने भी।

व्यक्ति के मन की भाँति एक मन समष्टि अथवा समूह का भी होता है जिसमें सामूहिक मन भी व्यक्ति-मन की तरह अपनी सामूहिक आकांक्षाओं, सपनों, आदर्शों को साकार करता है। स्वाभाविक है कि मन चाहे व्यक्ति का हो अथवा समाज का; दोनों की आन्तरिक निर्माण प्रक्रिया में अनेक बाहरी-भीतरी रंगों, भावनाओं, कल्पनाओं, रहस्यों और वास्तविकताओं के उपकरणों का उपयोग होता है। जीवन की भाँति कला और साहित्य के क्षेत्र में भी यह प्रक्रिया विभिन्न रंगों, कल्पनाओं, बिम्बों, प्रतीकों और मिथकों के माध्यम से अभिव्यक्ति प्राप्त करती है। मनोविज्ञान, समाजशास्त्र के अतिरिक्त काव्यशास्त्र अथवा साहित्य-सिद्धान्त के मर्मज्ञ विद्वान यह जानते हैं कि व्यक्ति व समूह दोनों के चेतन तथा अवचेतन के स्तरों पर यह सब कुछ घटित होता है।

बृहत्तर स्तर पर एक मन युग का भी होता है। यह युगमन निश्चय ही सामूहिक मन का होता है। इस युग-मानस के भी चेतन व अवचेतन स्तरों को लक्षित किया जा सकता है। मनोविज्ञान के आचार्यों के अनुसार अवचेतन मन अपने मूल रूप में प्रायः आधा-अधूरा, खण्डित, कुण्ठित, विकृत, एकाकी, रहस्यमय और स्वप्निल रंगों से निर्मित होता है। अवचेतन मन के बिम्ब-प्रतीक भी अस्पष्ट, धूमिल, संश्लिष्ट व जटिल हो सकते हैं; किन्तु युग का चेतन-मन तो स्वस्थ अथवा

सम्पुटित ही होता है; अथवा होना चाहिए। सामूहिक चेतन-मन के इसी स्वस्थ रूप को युग मनीषा के रूप में ग्रहण किया जा सकता है। यहाँ यह ध्यान रखना अत्यन्त आवश्यक है कि युग के स्तर पर व्याप्त विकृतियों, विषमताओं, क्षुद्र स्वार्थों अथवा भ्रष्टाचार आदि के व्यापक चलन एवं स्वीकृति के कारण समाज के लोग इन विकारों के प्रति या तो एक संभ्रम का भाव रखते हैं अथवा इन विकृतियों को ही युग का सत्य मान लेते हैं। मानव समाज और इतिहास की कैसी विडम्बना है कि स्वार्थान्ध लोग अथवा उनके प्रतिनिधि अपनी निजी स्वार्थपूर्तियों को ही युगधर्म के रूप में स्वीकृति दिलवाकर प्रतिष्ठा प्राप्त करते हैं। फलस्वरूप युग के सिंहासनों पर या तो खलनायक विराजमान होते हैं या फिर विदूषक।

इस प्रकार की विषम स्थितियों के बीच युग के स्वस्थ मनीषियों, नेताओं, चिन्तकों, साहित्यकारों, समाजसेवियों का सामूहिक मन युगीन भयानकताओं के मध्य आदर्श जीवनमूल्यों का मार्ग प्रशस्त करता है। ऐसे ही विरल साधकों के मन को हम युग मनीषा के रूप में पहचान-जान सकते हैं। युगीन चैतन्य अथवा युग मनीषा सम्बन्धी बात भारतीय चिन्ताधारा व दर्शन के आलोक में पूरी तरह समझी जा सकती है। भारतीय चिन्तकों-दार्शनिकों के अनुसार चेतना का एक स्तर ऊर्ध्वचेतन भी होता है। इस ऊर्ध्वगमन अथवा ऊर्ध्वगामिता सम्बन्धी अवधारणा को सूत्र रूप में जीव की चार अवस्थाओं से समझा जा सकता है। जीव की चार अवस्थाएँ हैं—जाग्रत, स्वप्न, सुषुप्ति और तुरीयावस्था। ऊर्ध्वचेतना का सम्बन्ध जाग्रत और तुरीय अवस्था के कहीं मध्य में स्थापित किया जा सकता है।

मानव की संस्कृति, चेतना और इतिहास के प्रत्येक युग की अपनी स्थितियाँ होती हैं, अपनी समस्याएँ और अपने समाधान; अपने प्रश्न और उत्तर। प्रश्न आधे-अधूरे हों तो उत्तर भी अधूरे अथवा अनुत्तरित हो सकते हैं। फिर भी प्रत्येक युग में कुछ ऐसा होता है जो पूर्वकालीन युगों के समान भावी युगों में भी प्रासंगिक बना रहता है। सो, प्रत्येक युग में अधिसंख्य प्रभाव की दृष्टि से युगीन समस्याएँ, उनके साक्षात्कार व चिन्तन से जुड़ी सरणियाँ होती हैं जिनकी सत्ता अथवा प्रासंगिकता युगीन स्तरों पर अधिक होती है। इसके साथ ही प्रत्येक युग में कुछ ऐसी प्रश्न सरणियाँ, चिन्तन-दृष्टियाँ, चुनौतियाँ अथवा मूल्यधर्मिताएँ होती हैं जो विरल अथवा सघन होते हुए भी मानव जीवन के शाश्वत अथवा सनातन से जुड़ी होती हैं। इन्हीं मूल्यधर्मिताओं को मानष जीवन के सनातन अथवा शाश्वत मूल्य कहा जाता है। इनकी सत्ता और प्रासंगिकता सार्वभौम होती है। वस्तुतः तात्त्विक दृष्टि से युगीन प्रश्नों-चुनौतियों के उत्तर-समाधान शाश्वत मूल्यों के सन्दर्भों में ही अन्वेषित, परिभाषित एवं विश्लेषित किए जाते हैं अथवा किए जाने चाहिए। जिस युग में युगीन विषमताओं के कारण शाश्वत मूल्य गौण अथवा अप्रासंगिक प्रतीत हों, वह युग मूल्यहीनता का युग होता है। ऐसा युग न तो अपने पूर्वकालीन

युगों से कुछ सार्थक ग्रहण करता है और न ही अपने भावी युगों के लिए कुछ मूल्यवान दे पाता है। ऐसे युगों को मानव इतिहास के अन्धेरे युगों के रूप में देखा जा सकता है।

वैसे तो प्रकाश और अन्धकार संसृति में सदा विद्यमान रहते हैं। पृथ्वी के घूमने के कारण दिन-रात बनते हैं, किन्तु वैज्ञानिक अथवा ज्योतिर् वैज्ञानिक प्रमापकों से एक मास को दो पक्षों—शुक्ल पक्ष, कृष्ण पक्ष—के रूप में विभाजित कर लेते हैं। सूर्य और पृथ्वी के निरन्तर भ्रमित चक्रों-परिचक्रों में प्रकाश तथा अन्धकार का अनुपात दोनों पक्षों में एक समान होता है। इस सानुपातिक समानता के होते हुए भी शुक्ल और कृष्ण पक्ष के रूप में देखा-समझा जाता है। गोस्वामी तुलसीदास जी ने कहा है—"सम प्रकास दुहुं पाख महं, नाम भेदु बिधि कीन्ह"—अर्थात् प्रकाश की मात्रा दोनों पक्षों में समान होती है, फिर भी विधाता अथवा विधिवेत्ताओं ने दोनों में नाम भेद कर दिया है। प्रकाश गणना की इस प्रक्रिया में सूर्य, चन्द्र, पृथ्वी आदि के अतिरिक्त सभी ग्रह-नक्षत्रों की स्थिति व कोण के भेदानुसार भी पृथक स्थितियाँ रहती हैं। इस संश्लिष्ट अथवा जटिल प्रक्रिया को पारदर्शिता के साथ समझकर युगीन प्रकाश-बिन्दुओं तथा अंधकार-रेखाओं के रहस्यों को समझा जा सकता है।

इसी स्थल पर यह उल्लेख सटीक होगा कि महाकाल के लिए कालखण्ड को हम हमारा अपना युग कहते हैं, इस युग में हमें एक ओर तो इतना अधिक विकास अथवा प्रकाश दिखाई देता है जितना मनुष्य के इतिहास के किसी भी पूर्वकालीन युग में नहीं था; साथ ही दूसरी ओर निराशा का इतना अंधेरा दीखता है कि सम्भवतः किसी भी विगत युग में इतना सर्वनाशी अन्धकार न रहा हो। यहाँ यह भी स्पष्ट है कि जब हम प्रकाश की बात करते हैं तो उसके अन्तर्गत विकासजन्य सुख-सुविधाएँ, देशकाल की सिमटती दूरियाँ; भौतिक सम्मोहन के कारण भोग-विलास के अकूत साधन; ज्ञान-विज्ञान के नवीन क्षितिजों के उद्घाटन के कारण मानव सुख के सभी साधन आते हैं और जब हम अन्धकार की बात करते हैं तो इस सम्पूर्ण विकास के बीच मानव का घुटता एकाकी मन; स्वार्थपरता; हिंसा; युद्ध; आतंक तथा जातिगत-वर्णगत-वर्गगत संघर्ष और एकांगी विकास के कारण महाविनाश का ताण्डव दस्तक देता प्रतीत होता है।

लगभग तीन दशक पूर्व हमने अपने एक व्याख्यान में कहा था कि अतिभौतिकतावादी चकाचौंध और प्रौद्योगिकी विकासजन्य सुख-सुविधाओं के कारण हम अपने वर्तमान अथवा सन्निकट भावी युग को मानव के इतिहास का सबसे जाज्वल्यमान युग मानते अथवा घोषित करते हैं; हो सकता है मात्र पाँच सौ अथवा एक हजार वर्ष पश्चात् हमारे इस प्रकाशमान युग को इतिहास का सबसे अन्धेरा युग माना जाए। आज तीस साल बाद इन पंक्तियों को लिखते समय हमें लगता

है कि हमने उस समय जो 500 अथवा 1000 वर्ष की बात कही थी; हो सकता है हमारी पीढ़ी के जीवन काल में ही अथवा आगामी दस वर्ष के भीतर ही वह क्षण आ जाए जब उन्नीसवीं-बीसवीं शताब्दियों के विकासाधारों में अस्थित-सृजित हमारे इस युग को हम विश्व के इतिहास का सबसे क्रूर, नृशंस और अन्धेरा युग मानने पर विवश हो जाएँ? मानव की ऐसी आत्मघाती निरुपायता में हमारा विश्वास नहीं है।

इसी कारण युग मनीषा के माध्यम से हम अपने से आगे की पीढ़ियों को इस युगीन अन्धकार के बीच अपने भीतर के अखण्ड विश्वास की बात बताना चाहते हैं। अतः इस महत्वपूर्ण वैचारिक भावबिन्दु को आगे बढ़ाने से पहले हम अपने वर्तमान युग की कालगत अथवा स्थितिगत सीमाओं को मोटे तौर पर निर्धारित करना चाहते हैं ताकि हमारे निष्कर्ष विश्वसनीय एवं प्रमाणपुष्ट हों। इस समस्त विवेचन के समय हमें इस बीजसूत्र का ध्यान रखना चाहिए कि हमारा यह समस्त प्रयास अथवा हमारे जैसे असंख्य विरल अनामजनों का यह अनुष्ठान मानव जाति की सार्वभौम निष्ठाओं, सनातन आस्थाओं-विश्वासों और मानवमूल्यों के अन्वेषण व प्रतिष्ठापन के लक्ष्यों से प्रकल्पित है। हमारे इस समस्त सैद्धान्तिक-व्यावहारिक और शैक्षिक-साहित्यिक प्रयास के केन्द्र में वह चिन्तन, मनीषा अथवा मंगलकामना स्थित है जिसके बल पर पृथ्वी और मानव आज तक बचे रहे हैं। धरती का भाग्य सदा जगे और यह सबके जीने योग्य बनी रहे; यही हमारा एकमात्र और प्रमुखतम लक्ष्य है।

सामान्यतः कहा जा सकता है कि महात्मा ईसा की उन्नीसवीं एवं बीसवीं शताब्दियों के कालखण्ड पर हमारा यह युग आधारित है। उन्नीसवीं सदी में भारत मध्यकाल को क्रमशः छोड़ते हुए आधुनिक युग में प्रवेश कर रहा था। उन्नीसवीं सदी के आरम्भ होते-होते भारत ईस्ट इण्डिया कम्पनी के अधीन हो चुका था। विश्व में शायद ही कोई ऐसा अन्य उदाहरण मिलता हो जब भारत वर्ष जैसा विशाल और गौरवमय सांस्कृतिक वैभाज्यमण्डित देश किसी कम्पनी के अधिकार में चला गया हो। इतिहास-विश्रुत मुगल काल का स्वर्णिम वैभव लाल किले की प्राचीरों तक सिमट रहा था। उन्नीसवीं सदी के लगभग ठीक मध्य में अंग्रेजों के विरोध में 1857 का व्यापक आन्दोलन हुआ जिसे राष्ट्रीय स्वाधीनता का प्रथम संग्राम माना जाता है। व्यापक इसलिए कि स्थानीय स्तरों पर अंग्रेज जहाँ अपना प्रभाव क्षेत्र बढ़ा रहे थे, वहीं उन्हें निरन्तर चुनौतियाँ भी मिल रही थीं। बंकिमचन्द्र चट्टोपाध्याय द्वारा रचित 'आनन्द मठ' में स्वाधीनता संग्राम का बड़ा ही मर्मान्तक और प्रेरक वर्णन मिलता है। उस ऐतिहासिक औपन्यासिक रचना में एक सुसंगठित किन्तु सीमित विद्रोह का वर्णन मिलता है जिसे सन्तानों अथवा संन्यासियों का विद्रोह कहा जाता है। राष्ट्रीय भावना से ओतप्रोत ओजस्वी राष्ट्रगीत 'वन्दे मातरम्' का

उद्घोष और 'जय जगदीश हरे' के सांस्कृतिक उदात्त स्वरों से झंकृत स्वर पराधीनता की जंजीरों में जकड़ी काल-कराल रूपा और सुमंगला भारत-माता का स्तवन हमारी स्वराज चेतना के इतिहास के दिव्य शिलालेख बन गए हैं। बंगभूमि के जंगलों में सन्तानों का वह आत्मदानी महायज्ञ प्रथम स्वाधीनता संग्राम से लगभग सौ वर्ष पूर्व सम्पन्न हुआ माना जाता है। इस प्रकार के प्रमाणों के आधार पर हम निभ्रांति रूप में यह भी कह सकते हैं कि भारत के कुछ बेटों ने तो अंग्रेजों की सत्ता को कभी स्वीकार किया ही नहीं अथवा यह निष्कर्ष भी युक्तिसंगत होगा कि 1857 से हुए राष्ट्रीय स्वाधीनता संग्राम का प्रारम्भ उससे लगभग एक सौ वर्ष पहले ही हो चुका था।

इस महान देश का यह दुर्भाग्य ही रहा अथवा विधि की विडम्बना कि 1857 के संग्राम के साथ ही भारत सीधा ब्रिटिश साम्राज्य का अंग बन गया। उस गदर के पहले सिपाही मंगल पाण्डे से लेकर झाँसी की रानी लक्ष्मीबाई तक ने स्वराज के लिए अपराजेय पराक्रम और बलिदान का परिचय दिया। इसके साथ महाबली मुगलों के अन्तिम सम्राट बहादुर शाह जफर के प्राणद्रावी अन्त की कहानी इतिहास पृष्ठ की सबसे दुःखद-त्रासद कहानी है।

इतिहास के इस दुःखद-त्रासद पृष्ठ के अगले पृष्ठ से ही स्वाधीनता संग्राम का निर्णायक चरण आरम्भ हो जाता है। 1857 से 1947 तक के 90 वर्षों का इतिहास इस महान देश की आदरणीय और गौरवशाली कालावधि कही जा सकती है। यही कालखण्ड है जिसमें लगता है भारत के अनेक दिव्य राष्ट्रनायक एक साथ अवतरित हुए। सामूहिक मनीषा के इस अवतरण को पहले सांस्कृतिक पुनर्जागरण और फिर नवजागरण के नाम से जाना गया। यह नवजागरण राजनीति, धर्म, समाज, अध्यात्म, साहित्य, सभ्यता-संस्कृति के सभी क्षेत्रों में उपस्थित हुआ और प्रत्येक क्षेत्र में युगान्तरकारी महापुरुषों, विभूतियों का अवतरण हुआ। राजा राममोहन राय से लेकर सर्वश्री देवेन्द्रनाथ ठाकुर, रामकृष्ण परमहंस, रवीन्द्रनाथ ठाकुर, बाल गंगाधर तिलक, स्वामी दयानंद, स्वामी विवेकानंद, महात्मा गाँधी, जवाहरलाल नेहरू, सुभाषचंद्र बोस, लाला लाजपतराय, भगतसिंह, सुखदेव, राजगुरु, सुखीराम बोस, रामप्रसाद बिस्मिल, जैसे असंख्य नाम और इनसे कहीं अधिसंख्य अनाम महापुरुषों ने इस युग के निर्माण की आधारशिला रखी। संस्थाओं की दृष्टि से अखिल भारतीय कांग्रेस, प्रार्थना समाज, रामकृष्ण मिशन, आर्य समाज जैसी अनेक संस्थाओं ने आमूलचूल क्रान्ति कर भारत और भारत-मन को एक अभिनव विश्वास एवं आयाम प्रदान किया। इसकी परिणति में स्वाधीनता पर्व आया।

भारतीय राष्ट्रीय स्वाधीनता संग्राम और नवजागरण की पृष्ठभूमि एवं उससे पड़े व्यापक प्रभावों को समाप्त करने अथवा कम करने के लक्ष्य से भारत विरोधी शक्तियों ने उपनिवेशवाद के अन्तर्गत ऐसा दुष्चक्र चलाया कि हजारों वर्षों के

इतिहास में जो भारत अपनी पहचान और अस्मिता बचाए रख सका था; उसी पर प्रभावकारी और दूरगामी प्रहार हुए। ब्रिटिश साम्राज्यवाद के शिकंजे में भारत एक ऐसा उपनिवेश बन गया जिसके व्यापक और गम्भीर परिणाम राजनीतिक पराधीनता के उन दिनों से कहीं अधिक आज देश भुगत रहा है। साम्राज्यवाद और उपनिवेशवाद के इसी क्रम में पूँजीवाद, समाजवाद, जनवाद, साम्यवाद, व्यक्तिवाद के अतिरिक्त लोकतन्त्रवाद की भी प्रतिष्ठा हुई।

स्वाधीन भारत के पचास वर्षों से अधिक का हमारा इतिहास एक स्तर पर उपनिवेशवादी मानसिकता का इतिहास है। एक सर्वप्रभुता सम्पन्न राष्ट्र के रूप में कितनी बड़ी और भयानक राष्ट्रीय बिडम्बना है कि आज सर्वव्यापक उपनिवेशवादी मानसिकता और तत्सम्बन्धी दासता की जड़ें भारत की सार्वभौम, आधारभूत आस्थाओं को जर्जर कर रही हैं। वैश्वीकरण और भूमण्डलीकरण की प्रक्रिया में यह महादेश एक बाजार मात्र बनकर रह गया है। संस्कृति से अपसंस्कृतिकरण की यह क्रिया हमारे राष्ट्रीय जीवन की सबसे बड़ी चुनौती है। यदि समय रहते इस चुनौती का सामना नहीं किया गया तो उसका परिणाम सामूहिक आत्मघात के अतिरिक्त कुछ भी प्रतीत नहीं होता। प्राथमिक तौर पर इस उपनिवेशवादी ग्रन्थि—औपचारिक व वैधानिक शिक्षा पद्धति—का सूत्रपात लार्ड मैकाले द्वारा प्रस्तावित योजना द्वारा हुआ था। उस समय वह पद्धति एक साम्राज्यवादी महाशक्ति ने अपने साम्राज्य के एक विशाल उपनिवेश के लिए अपनाई थी; आज उस शासन से मुक्ति प्राप्त करने के बाद विश्व का सबसे बड़ा लोकतन्त्र यह भारतवर्ष किन कारणों से मात्र उस पद्धति का नहीं, बल्कि उससे जुड़ी पराधीन मानसिकता का पल्लवन-पोषण क्यों कर रहा है; यह हमारे युग का सबसे वर्त्तुल तथा भयानक सत्य है। आज यह स्वाधीन भारत अपनी गुलामी के दिनों से कहीं अधिक और गहरे अंग्रेजी, पश्चिमी, योरूपीय अथवा भारतेतर मानसिकताओं का गुलाम बन कर रह गया है। सांस्कृतिक विरासत की दृष्टि से निश्चय ही हमारा युग घोर अपसंस्कृतीकरण का युग है।

समय और इतिहास को अपने इंगितों पर चलाने वाली प्रायः ज्ञात और गौणतः अज्ञात शक्तियों की जैसी दुरभिसन्धि आज लक्षित है, हमारी समझ में राष्ट्रीय, सांस्कृतिक और व्यक्तिगत संकट के किसी पूर्वकालीन क्षण में नहीं थी। यहाँ सर्वाधिक विचारणीय और सर्वाधिक विडम्बनामय पक्ष यह है कि युग का यह अन्धेरा स्वाधीन भारत में ही अत्यधिक घनीभूत क्यों हो गया है? कैसी विधि विपरीतता है कि आजादी की लड़ाई सारा देश एक होकर लड़ रहा था; हिन्दू, मुस्लिम, सिख, जैन, बौद्ध आदि सभी धर्म-सम्प्रदायों के लोग बिना किसी जातिगत, वर्णगत, वर्गगत अथवा कुल, गोत्रगत भिन्नताओं के स्वाधीनता यज्ञ में भस्म करते हुए स्वराज की खातिर शरीर की अन्तिम बूँद तक की आहुतियाँ राष्ट्रदेव को अर्पित कर रहे

थे; किन्तु स्वतन्त्रता प्राप्त होते ही हमारी राष्ट्र-भावना, सामाजिक चेतना, पारिवारिक एवं व्यक्तिगत संस्थाओं को न जाने कैसा घुन लग गया कि आज सब कुछ स्वाहा होता प्रतीत होता है। धर्म, सम्प्रदाय, जाति, भाषा, वर्ण, कुल-गोत्र और वर्ग वैषम्य के सर्वनाशी बीज स्वाधीनता के प्रभात में ही किसने बो दिए? आज वे बीज विषवृक्षों का रूप धारण कर भारत के आधारभूत संरचना तंत्र की धमनियों और नसों के जाल में निरन्तर विभेद के विषैले रसायन भर रहे हैं।

इसके साथ ही निभ्रान्ति रूपेण यह भी सही है कि स्वाधीन भारत ने ज्ञान-विज्ञान, शिक्षा-दीक्षा, प्रौद्योगिकी आदि क्षेत्रों में अभूतपूर्व प्रगति की है। और राष्ट्रीय-मानवीय निष्ठाओं, प्रतिबद्धताओं वाले साधारण जनों से लेकर विभिन्न क्षेत्रों में विशेषज्ञों की साधना के बल पर देश निरन्तर विकास पथ पर अग्रसर है। इतना ही नहीं, हम अपने सुधी व समर्पित राष्ट्रजनों के कारण भविष्य के प्रति आश्वत भी हैं, किन्तु फिर भी अवसरवादी राजनेताओं, भ्रष्ट नौकरशाहों, अधिकारियों, धर्म-सम्प्रदाय-वर्ग वैषम्य की अग्नि में जलते-जलाते हिंसा के व्यापारियों द्वारा उत्पन्न विराट सम्भ्रम, पारस्परिक सन्देह, भय, अविश्वास जैसी विघटनकारी व आत्मघाती शक्तियों से कैसे देश की रक्षा करें? इन राष्ट्र विरोधी तथा मानवता द्रोही शक्तियों को समाप्त करने की क्षमता भी हममें अपार है। यह राष्ट्रीय निरुपायता सूक्ष्मता से विचारणीय है।

राष्ट्रीय निरुपायता सम्बन्धी एक कारणसूत्र तो यह है कि आधुनिकता के विकास क्रम में हम ज्ञान-विज्ञान सम्बन्धी बाहरी सिद्धान्तों व व्यवहार सरणियों के सर्म्पक में आए जिससे अनेक क्षेत्रों में हमारी जानकारी का विकास हुआ, लेकिन उस जानकारी का हम अपनी राष्ट्रीय-सांस्कृतिक-सामाजिक प्रकृति के अनुसार उपयोग नहीं कर पाए। उदाहरण के तौर पर यह ठीक है कि पश्चिमी और योरूपीय समाजों में साम्प्रदायिक विश्वासों व तत्सम्बन्धी रहस्यात्मक अनुभूतियों का स्थान आर्थिक निकायों व भौतिकता संबंधी प्रक्रमों ने ले लिया किन्तु भारतीय संदर्भों में उन मान्यताओं को लागू करते समय हम भारतीय और भारतेतर आधारभूत प्रकृति का ध्यान नहीं रख सके। हम अनुकरण के व्यामोहिक उत्साह में यह आधारभूत सिद्धान्त की भूल गए कि भारतीय धर्म-भावना, अध्यात्म विद्या और तत्सम्बन्धी भारतेतर सिद्धान्त सर्वथा पृथक हैं। दोनों में किसी भी स्तर पर कोई सैद्धान्तिक समानता नहीं है। दोनों का ऐतिहासिक-सांस्कृतिक परिवेश और सामाजिक परिप्रेक्ष भिन्न है। फलस्वरूप धर्मसाधना और अध्यात्म विद्या को पश्चिमी रहस्य-भावना और भौतिकता के साथ स्थानापन्न करने की प्रक्रिया को अपनाते समय तत्सम्बन्धी आधारभूत अन्तर को अनदेखा कर गए। हम भूल गए कि दोनों जीवन दृष्टियों व आचार संहिताओं में इतना वैपरीत्य तथा विरोधाभास है कि वे मान्यताएँ उसी रूप में न तो यहाँ लागू हो सकती थीं और न ही स्थानापन्न हो सकती थीं।

इस सत्य को विशेषतः रेखांकित करना आवश्यक है कि भारत में धर्म का स्वरूप मानव मात्र की सार्वभौम मूल प्रकृति के नित्य समीचीन आदर्शों पर आधारित रहा जबकि परिश्मी अथवा योरूपीय सभ्यताओं में धर्म सम्बन्धी परिकल्पना केवल और केवल सम्प्रदाय सम्बन्धी मान्यताओं तक सीमित रही। फलस्वरूप भारतीय धर्म को भारतेतर जगत में स्वीकृत सम्प्रदाय सम्बन्धी सरणियों पर परखने का प्रयास ही तत्सम्बन्धी अज्ञान पर आधारित था। भारतीय अध्यात्म विद्या प्रकृति व ब्रह्माण्ड सम्बन्धी आधिभौतिक, आधिदैविक व आध्यात्मिक सूक्ष्मातिसूक्ष्म संरचनातन्त्र पर आधारित है। जबकि बाहर का कथित अध्यात्मवाद मात्र व्यक्तिगत अथवा प्राकृतिक रहस्यानुभवों तक सीमित है। वैयक्ति रहस्यानुभव अथवा स्थूल प्राकृतिक अन्वेषण को मानवमन द्वारा अन्वेषित करने की क्रिया को अध्यात्म मान लेने और उसे भारत में लागू करने के साथ-साथ उसके स्थान पर भूतात्मक भौतिकता की प्रतिष्ठा करने वाले सम्मान्य आचार्यों को हम प्रणाम करते हुए भी उनकी बौद्धिक सीमाओं को भी नज़र अन्दाज़ नहीं कर सकते। उदारहण के लिए पुराण विद्या को समझे बिना उसे मिथक घोषित कर देना और मिथकीय अवधारणाओं के आलोक में पौराणिक मान्यताओं को परिभाषित करना वैसा ही था जैसा कि किसी कम्प्यूटर को ठीक करने के लिए हम किसी मोटरकार विशेषज्ञ को बुला लें और कार सम्बन्धी यन्त्रों से कम्प्यूटर को ठीक किया गया भी मान लें और अपने कथित वैज्ञानिक-प्रशानिक-बौद्धिक अथवा संख्याबल के आधार पर उस प्रक्रिया को सर्व स्वीकृत भी करवा लें। भारतवर्ष में ऐसा हुआ है। धर्म, विज्ञान, ज्ञान, कला, साहित्य, समाज, शिक्षा आदि सभी क्षेत्रों में हुआ है। यानी इन निकायों, संस्थाओं, विचार-सरणियों सम्बन्धी जो परम्पराएँ यहाँ थी ही नहीं, उन्हें यहाँ से हटाने और उनके स्थान पर लगभग सब कुछ आयातित-प्रतिष्ठित करने के उत्साही व्यामोह ने राष्ट्रीय मनीषा के साथ अन्याय किया और अज्ञान-भ्रम-सन्देह व आत्महीनता के ऐसे बीज बो दिए जिनकी फसलें शायद हमें शताब्दियों तक काटनी होंगी और इस काटने के क्रम में भी कम-से-कम इस प्रक्रिया में स्वयं के प्रदूषित होने का खतरा तो मोल लेंगे ही।

आज समस्त विश्व सहित भारतवर्ष की भी यदि एक सबसे बड़ी और भयानक समस्या है तो वह प्रदूषण की ही विश्व-विनाशी समस्या है। आज हमारी पृथ्वी का गर्भ विषैले रसायनों से पाट दिया गया है। अंतरिक्षों, ग्रह-नक्षत्रों तक विभाजन-वैषम्य और युद्धीय तरंगों के जाल बिछे हैं। समुद्रतलों में जहर की खेती हो रही है। प्राणदायिनी नदियों में सभ्य नागरिकों ने प्राणघाती रसायनों के नाले अहर्निश गिराए हैं। राज्य और समाज से जुड़ी भद्र व्यवस्थाओं ने नगरों-महानगरों की सम्पूर्ण गंदगियों के अम्बार हिमखण्डों-जलस्रोतों के प्रवाहों को अवरुद्ध करने के निमित्त लगा दिए हैं। वह समय दूर नहीं, जब खेतों से खाद्यानों के स्थान पर

कैंसर और उससे भी भयानक बीमारियों की फसलें मनुष्य को डराएंगी। वह समय दूर नहीं जब रोगाणुओं की अमरबेलों का जाल धरती की सारी वनस्पतियों को ढक लेगा; जब वनौषधियों और रसीले फलों से तरल हलाहल स्रवित होगा। हम आज भी तो विषैले रसायनों द्वारा उगाए गए खाद्यानों, फलों, सब्जियों द्वारा अपने भीतर सर्वनाशी बीमारियाँ भर रहे हैं। अधिक दूध प्राप्त करने हेतु दुधारु पशुओं की इन्जैक्शनों द्वारा धीमी हत्याएँ करते हुए अमृत माने जाने वाले दूध के रूप में अपनी नसों में रक्त के स्थान पर भर रहे हैं। मानव इतिहास का कैसा अमानवीय और विनाशी युग है यह कि मानव ने अपने अस्त्वि-स्रोत अंतरिक्ष, जल, वायु, अग्नि, पृथ्वी के जीवनदायी अमृतकोष को विषकूप बना लिया है। वानस्पतिक कुलों को हम निरन्तर नष्ट करते जा रहे हैं। और मनावेतर प्राणी जगत को हम स्वार्थ-उदरों में अजगरों की भाँति लील रहे हैं। एक सर्वेक्षण के अनुसार इस पृथिवीतल से मनावेतर जीवों की एक प्रजाति और वनस्पतियों की दो से तीन प्रजातियाँ प्रतिदिन सदा के लिए विलुप्त हो रही हैं।

इसी स्थलबिन्दु पर हम जोड़ना चाहते हैं कि बाहरी अथवा प्राकृतिक प्रदूषण से कहीं अधिक भयावह, दारुण, विनाशकारी है मानसिक-सामाजिक और सांस्कृतिक प्रदूषण। विश्व में सांस्कृतिक दृष्टि से शिरोमणि माने जाने वाले भारत के मूलाधारों का उद्देपन करने वाली जिस शिक्षा पद्धति का प्रस्ताव पराधीनता के दिनों में किया गया था, वह सीमित राजनीतिक प्रशासनिक दायरों से निकल कर समाज, धर्म, सभ्यता, नैतिकता, आस्था, मूल्यधर्मिता, मानवीय कोमलता और सामाजिक समरसता तक को व्यापक स्तर पर आच्छादित कर चुकी है। और आज हमारे इस युग में इन सब संस्थानों का व्यवसायीकरण हो रहा है। मानव इतिहास के लगभग प्रत्येक कालखण्ड अथवा युग में दिशा प्रदान करने वाली ललित कलाएँ और साहित्य की विधाएँ भी व्यवसायीकरण के प्रदूषण का शिकार हो रही हैं। अमानवीय और जड़ अर्थतन्त्र पर आधारित व्यावसायीकरण की इस प्रकृति को जीवन के प्रत्येक क्षेत्र में व्याप्त अपराधीकरण, पाशविकीकरण जैसी ध्वंसकारी वृत्तियों व उनके प्रयोक्ताओं, व्यापारियों का संरक्षण प्राप्त है।

इस युगीन परिवेश और पृष्ठभूमि को ध्यान में रखते हुए हमने कुछ ऐसे युग मनीषियों के साथ संवाद स्थापित करना चाहा है जो इस सम्पूर्ण प्रक्रिया के भोक्ता भी हैं और द्रष्टा भी। व्यक्तिमन के हिसाब से हमने अपने सम्पूर्ण आधिदैविक-भौतिक, जीवनचक्र तथा समष्टिमन के हिसाब से हमने विगत की असंख्य संख्यासीमाओं के अन्तर्गत आने वाली सहस्राब्दियों-शताब्दियों में विद्यमान जैविक-मानसिक-वैचारिक-बौद्धिक लक्षित एवं अलक्षित प्रक्रियाओं को हस्तामलकवत् अनुभव कराने के प्रयोजन से इस प्रस्तुति का समायोजन किया है। हमारी समझ में भारत तथा भारतेतर ज्ञान-विज्ञान सम्बन्धी सरणियों के माध्यम से इस संग्रह

में संग्रहीत इन पाँच मनीषियों ने भारतीय आधिदैविक-आध्यात्मिक चेतना से बहुत दूर हमारे वर्तमान की मात्र आधिभौतिक अथवा परम एकांकी भूत-विज्ञानाधारित विकास सम्बन्धी विसंगतियों को समीप और दूर से देखा है। विषय से समीपता और अपनी रचना से दूरी उनके विवेचन को निर्वैयक्तिक, प्रामाणिक अथवा विश्वसनीय बना देती है। इस तरह रचनाकार और रचना दोनों सहज सम्पृक्त भी हैं और स्वायत्त भी।

प्रस्तुत संकलन को युग मनीषा शीर्षक भी इसी लक्ष्य से दिया गया है; क्योंकि हम जानते हैं कि इन मनीषियों ने अन्ततः देशकाल की निरन्तर प्रवहमान धाराओं के मध्य उन्नीसवीं-बीसवीं शताब्दियों को पारदर्शिता के साथ समझा है और स्वाधीन भारत की संशयाकुल, प्रश्नाकुल स्थितियों व उपलब्धियों का भी साक्षात्कार किया है। इन मनीषियों के प्राथमिक परिचय के तौर पर कहा जाए तो सबसे पहले विश्ववंद्य महात्मा गाँधी का नाम आता है। दक्षिणी अफ्रीका की एक अन्धेरी रात में एक अनाम बैरिस्टर मोहनदास करमचंद गाँधी को तत्कालीन सत्ता के एक प्रतिनिधि कर्मचारी ने जब उनके सामान सहित डिब्बे से बाहर फेंक दिया तो कौन जानता था कि वह छोटी-सी घटना उस निरीह रेलयात्री के मन को ऐसा दृढ़ संकल्प दे जाएगी जिससे वह उस सम्पूर्ण साम्राज्य को ही भारत से उखाड़ फेंकेगा। राष्ट्रीय स्वाधीनता के उस रथी और महानायक ने वैश्विक और भारतीय परम्पराओं के आधारों पर खड़े होकर बीसवीं सदी में सत्य के जो प्रयोग किए, उनके कारण उनके देह-निपात के क्षणों में ही यह कहा गया कि आने वाली पीढ़ियाँ कदाचित ही विश्वास कर सकेंगी कि हाड़-माँस वाला वैसा इन्सान क्या वास्तव में धरती पर आया होगा? भारतवर्ष की आत्मा के साकार रूप महात्मा गाँधी का समूचा जीवन विभिन्न विषय-सम परिस्थितियों के मध्य सत्य के प्रयोगों की प्रयोगशाला है। उनका जीवन ही उनका दर्शन है और वही उनका सन्देश। उनके व्यक्तिगत जीवनचक्र की एक-एक घटना हमारे राष्ट्र की आत्मा का साक्षात्कार कराती है। प्रस्तुत संग्रह में संग्रहीत युगपुरुष गाँधी के विचार उनके यरवदा जेल के प्रवास की अवधि के हैं जिसे उन्होंने यरवदा मन्दिर कहा है। रात्रि को अनन्त आकाश की ओर निहारना एक अद्भुत रहस्यमय अनुभव है। संकलन का शीर्षक है 'आकाशदर्शन' जिसमें गाँधी जी रात के अन्धेरे में चमकते तारों एवं नक्षत्रों के बारे में सोचते-सोचते ज्योतिष विज्ञान से सम्बन्धित बातें तो करते ही हैं, साथ ही जीवन के कुछ चिरन्तन सत्यों और युगीन सन्दर्भों को भी बरबस ही रेखांकित करते हैं। गाँधी जी का यह आकाश दर्शन उनके साहित्य और चिन्तन में हमने विशेष समझा है।

संग्रह के दूसरे युग मनीषी आचार्य बिनोबा भावे महात्मा गाँधी के समीपस्थ विश्वसनीय युगमानव होने के साथ-साथ राष्ट्रसन्त भी हैं। महात्मा गाँधी राष्ट्रपिता और बिनोबा जी राष्ट्रसन्त। स्वाधीनता के रथी बापू की निर्मम हत्या के साथ उनका

देह-निपात तो हो गया; किन्तु उनकी आस्थाओं के प्रयोग बिनोबा जी उसी क्रम में चुपचाप करते रहे। बापू का रक्त जब बुद्ध की धरती पर बहा तो एक कवि ने कहा था–"रक्त नहीं था, वह रक्त चन्दन था। तनुपात नहीं था, मातृभूमि बन्दन था।" बापू के रक्तचन्दन की सुगन्ध से राष्ट्रसन्त बिनोबा ने भारतवर्ष की आत्मा के रूप में भारत को एक विश्वग्राम के रूप में देखा और इसकी महान संस्कृति व सभ्यता को इसके ग्राम-उद्धार के रूप में समझा। भारत की महालक्ष्मी ग्रामवासिनी है और भूदेवी उसके सम्पूर्ण वैभव की अभिन्न सहोदरी है। इस कारण कोटि-कोटि कृषकों के साथ-साथ समस्त देश को धन-धान्य से भरापूरा करने के लक्ष्य से बिनोबा बाबा ने भूदान आन्दोलन चलाया। संकलन में संकलित उनके विचार हमारे वर्तमान ही नहीं, भविष्य के लिए भी उतने ही महत्वपूर्ण हैं। अत्याधुनिक भौतिकवादी सभ्यता के प्रवाह को रोकना प्रायः असम्भव प्रतीत होता है, किन्तु यदि भारत को भारत राष्ट्र रहने देना है तो राष्ट्रसन्त की बात सुननी होगी।

आचार्य नरेन्द्र देव उस स्वस्थ समाजवादी-राष्ट्रवादी दृष्टि के प्रतिष्ठापक मनीषी हैं जिन्होंने इस महादेश की सांस्कृतिक-सामाजिक आत्मा के अनुसार समाजवाद को राष्ट्रीय परिवेश में परिभाषित किया था। आज के राजनेताओं व विचारकों ने समाजवाद सम्बन्धी सिद्धान्तों को अपने क्षुद्र स्वार्थों के अनुरूप इतना विकृत कर दिया है कि देश में व्यापक वर्ग संघर्ष और भीषण वर्ण भेद पर आधारित एक गृह युद्ध की-सी स्थितियाँ बनती प्रतीत होती हैं। ऐसे में, आचार्य नरेन्द्र द्वारा दशकों पूर्व व्यक्त विचार व्यक्ति एवं समाज सम्बन्धी अवधारणाओं व उनके व्यावहारिक कार्यान्वयन की दृष्टि से ध्यातव्य और सुविचारित हो सकते हैं, कम-से-कम उन राजनेताओं, प्रशासकों व बुद्धिजीवियों के लिए, जो आज भी राष्ट्रहित को सर्वोपरि मानते हैं और जिनके कारण असंख्य विषमताओं के बावजूद भारत प्रगति पथ पर अग्रसर है।

संग्रह के चौथे विचारक डॉ. भगवतशरण उपाध्याय इतिहास और इतिहास बोध के प्रतिष्ठा प्राप्त इतिहासकार, चिन्तक और मनीषी हैं। ऐतिहासिक संक्रमण के इस युग को एक इतिहासकार की दृष्टि से देखना और भविष्य की दिशाओं का निर्धारण करना भी हमारी आवश्यकता है। वर्तमान राजनेताओं व कट्टरवादी प्रतिबद्धताओं के प्रचारक भारत के इतिहास को जिस प्रकार से विवादास्पद बनाए हुए हैं, डॉ. उपाध्याय के विचार समीचीन एवं भारत के इतिहास संबंधी विमर्श के लिए एक विधायक दिशा हो सकते हैं।

संकलन के पाँचवें और अन्तिम विचारक डॉ. श्यामाचरण दुबे एक ऐसे विशुद्ध समाजशास्त्री हैं जिन्होंने समाजशास्त्र सम्बन्धी सिद्धान्तों के परिपार्श्व में अपने समाजशास्त्र का निर्माण किया है। डॉ. दुबे हमारी उस बौद्धिक परम्परा के प्रतिनिधि हैं जो आधुनिक नृतत्व शास्त्र और समाज मनोविज्ञान सम्बन्धी

अवधारणाओं को अपेक्षित पारदर्शिता के साथ परिभाषित करते हुए प्रस्तुत करती है।

उपर्युक्त पाँचों मनीषियों का जन्म, बालपन, यौवन अथवा वार्धक्य उन्नीसवीं-बीसवीं शताब्दियों के मध्य संचरित रहा है। इसी तरह इन सबका कार्यक्षेत्र अथवा वैचारिक क्षेत्र बीसवीं शती में रेखांकित, उद्घाटित अथवा सक्रिय रहा है। संग्रह में महात्मा गाँधी का आकाश-दर्शन बीसवीं सदी के चौथे दशक का है तो डॉ. दुबे द्वारा लिखित आलेख सन् 2000 अथवा उससे एक-दो वर्ष से अधिक पहले का है। अतः किसी भी विचारक के विचार इक्कीसवीं सदी के इन डेढ़-दो वर्षों में प्रकाशित नहीं हुए हैं। हाँ, इस संग्रह की भूमिका अवश्य ही सन् 2002 के जून मास में लिखी जा रही है। यानी उन्नीसवीं सदी में यदि गाँधी जी का जन्म हुआ था तो उनके विचार इस संग्रह में इक्कीसवीं सदी में प्रस्तावित हैं। बीसवीं सदी इनके मध्य अपने भरे-पूरे वैभ्राज्य के साथ विद्यमान है।

शताब्दियों की बात आती है तो हमें बरबस ही महत्मा गाँधी के साथ एक अन्य गाँधी की याद आती है और वे हैं भारत के सबसे युवा प्रधानमन्त्री श्री राजीव गाँधी जो इतिहास-चक्र-नियति के वशीभूत होकर पायलट से प्रधानमन्त्री बन गए थे। राजीव गाँधी की याद इसलिए कि उन्होंने ही सर्व प्रथम अपराजेय विश्वास के साथ भारत को इक्कीसवीं सदी में ले जाने की बात राष्ट्रीय-वैश्विक स्तर पर कही थी। लगता था कि बस नई शताब्दी बस आने ही वाली है। कौन जानता था कि बीसवीं सदी का वह संधिकाल भारत के सामाजिक-सांस्कृतिक चेहरे को इतना बिगाड़ देगा कि उसकी पहचान ही खतरे में पड़ जाएगी। यह बात एक व्यक्तिगत घटना से भी रेखांकित होती है। इन पंक्तियों का लेखक सन् 1989 में अपनी सांस्कृतिक-राजनीतिक विदेश यात्रा से पूर्व जब अपने समवयस्क प्रधानमन्त्री से मिला तो उस प्रधानमन्त्री गाँधी ने सलाह दी थी "इण्डिया का जो यूनिवर्सल हैरीटेज है, हमारी संस्कृति की जो वैल्यूज़ हैं, उन्हें अल्ट्रामॉड्रन आउटलुक और कम्प्यूटर टेक्नोलॉजी से इक्कीसवीं सैंचुरी में ट्राँसमिट करना है।" आज बिना किसी संशोधन और टिप्पणी के साथ यह एक व्यक्तिगत सम्वाद का अंशवाक्य सुधीजनों और अध्येताओं के समक्ष प्रस्तुत है। उनके निष्कर्ष कहीं अधिक विश्वसनीय होंगे।

उपर्युक्त व्यक्तिगत सम्वाद और युग के पाँच मनीषियों के विचारों के बीच सम्भवतः कहीं गहरे अधिक सम्पृक्त और कहीं उससे भी अधिक असम्पृक्त द्रष्टा के रूप में इन पंक्तियों का लेखक अब अपनी ओर से कुछ कहना चाहता है। वह कहना यह है कि बीसवीं और वर्तमान सदी का संधिकाल अथवा द्वाभालोक इतना उज्ज्वल और इतना कालिमामय हो गया है कि हमारा यह समय प्रकाश और अन्धकार का दिग्भ्रान्त एवं सर्वनाशी समय प्रतीत होता है।

बीसवीं सदी का अन्तिम दशक और इक्कीसवीं सदी के दो वर्षों से भी कुछ

कम का यह हमारा समय हमारे समीप हमारे इतिहास का सबसे जटिल समय है। गत दोनों सदियों का सारा-का-सारा अन्धेरा और प्रकाश जैसे हमारे युग की तीसरी और ईसा की इक्कीसवीं सदी के इन कुछ ही महीनों में जम गया है। घनीभूत हो गया है। इतिहास का चक्र इतनी तीव्रता से घूम गया है कि उसके चक्रार व परिधि-आवर्त विपरीत दिशा में घूमने लगे हैं अथवा घूमते प्रतीत होते हैं। इतिहासों द्वारा विभिन्न युगों को ढोने वाले हजारों वर्षों की शिविकाएँ जैसे इस एक युग बिन्दु पर आकर टिक गईं हैं। इनके कहार युग के तहखानों में शायद दफन हो गए हैं--पता नहीं स्वयं, पता नहीं किन अदृष्ट हाथों के द्वारा? इन शिविकाओं के पर्दों के भीतर पता नहीं गृहवधुरियाँ या गृहलक्ष्मियाँ सोलह शृंगार किए अपने द्वाराचार स्वागत के लिए प्रतीक्षारत हैं अथवा इतिहासों की हारों से अभी-अभी अंगड़ाई लेतीं अनाम वारांगनाएँ सज रही हैं, अथवा इन शिविकाओं में असंख्य अनाम शवों के अम्बार हैं जिनकी शवयात्राएँ अभी होनी बाकी हैं। आज तक इन शवों की गणना तक नहीं हो सकी; पहचान और अन्त्येष्ठी बहुत दूर की बात है। इसलिए पता नहीं शवों के मिले-जुले अम्बारों में युद्धों में शहीद हुए सैनिकों-सेनापतियों के शव हैं अथवा इन शवों में सती-साध्वियों के शव हैं अथवा उन वीरांगनाओं के जिन्होंने आत्मसम्मान की रक्षा के लिए जौहर किए? हाँ, हाहाकार और जय-जयकारों की चीत्कारें अवश्य ही इनके इस द्रष्टा को बहरा कर रही हैं। यह भी मालूम नहीं कि मदमस्त हाथियों, महावतों, अश्वों, अश्वारोहियों के शवों के साथ रथियों, महारथियों के साथ जर्जर पताकाओं, खण्डित प्रतिमाओं, ध्वस्त धर्मस्थलों और सबसे अधिक मानव के पैशाचिक रूपों के जीवित शव भी हैं। ये जीवित शव हैं मानवरूपी हिंसक पशुओं की पाशविकता को लजाने वाले विनाश के वैतालिक जो नरमुण्डों की मालाओं का व्यापार करने अभी-अभी इतिहासों के खण्डहरों से उठकर सब जगह फैल गए हैं। स्वाधीन भारत की भूमि इनके लिए उर्वरा सिद्ध हुई है।

लगता है हमारा यह युग व्यतीत युगों की अपेक्षा स्वयं से ही आशंकित और आतंकित है। भीतरी हिंसा के भयावह तहखानों से निकल कर प्रेतात्माओं के पिशाच शायद इस युग के जन-मन में प्रविष्ट होकर हिंसा का क्रूर ताण्डव कर रहे हैं। प्रभासपट्टण दृष्ट-अदृष्ट व्याधों के आग्नेयास्त्रों से जल रहा है। हिंस्रतम वृत्तियों की कृत्याएँ नरमुण्ड पहने महाकाल के खप्पर को मानव रुधिर से भर रही हैं क्योंकि मानवेतर प्राणी समाज को तो मानव पहले ही निगल चुका है। निरंकुश युद्धकथाओं के शिखण्डी सरहदों के पार से अपने विष बुझे तीरों की वर्षा कर रहे हैं। आतंक का राक्षस रातों के अन्धेरों में निरीह और निहत्थे लोगों को मारने की बजाय विधानमण्डलों के गलियारों और संसदों के प्रांगण तक पहुँच चुका है। लोकतन्त्र के रक्षक और प्रतिनिधि अपनी कुर्सियों के हत्थों को अपने हाथों से खिसकता देखकर उन कुर्सियों को ही हथियारों के रूप में इस्तेमाल कर रहे हैं।

राष्ट्रों की सरहदों के पास से प्रायोजित आतंकवाद और जन-मन के भीतर भी आतंकवाद। राजनेताओं द्वारा अपराधियों को संरक्षण और राजनीति का मुक्त अपराधीकरण। घोषित-अघोषित अपराधी अपने मुखौटों को उतार कर हमारे संवैधानिक प्रतिनिधि और भाग्यविधाता हैं। अन्यत्र हम उल्लेख कर चुके हैं कि स्वाधीनता का जो संग्राम सभी जातियों, सम्प्रदायों, वर्गों के लोगों ने एक साथ मिलकर लड़ा था; स्वाधीन भारत में राष्ट्राध्यक्षों तक के चुनावों में जाति, सम्प्रदाय, वर्गगत राजनीति का खुला खेल खेला जाता है। क्या इसी धर्मनिरपेक्षता अथवा सर्वधर्मसमभाव की परिकल्पना संविधान के निर्माताओं ने की थी कि सभी राजनीतिक दल साम्प्रदायिक-जातिगत आधारों पर ही लोकतन्त्र का उपहास करते हैं। उन्हें कोई साम्प्रदायिक कहेगा? कौन कहे कि जाति, वर्ग, कुल, गोत्र से ऊपर उठकर जिस संविधान का निर्माण हुआ था; उसके संरक्षक-रक्षक और संचालक उन्हीं आधारों पर अपनी राजनीति का व्यवसाय चलाते हैं। राजनेताओं के समान ही नौकरशाह एवं प्रशासनिक अधिकारी भी भ्रष्टाचार, आतंकवाद एवं अपराधीकरण में सहभागी हैं। शायद अपराधतन्त्र ही आज का सबसे बड़ा उद्योग है। युग के सिंहासनों पर कहीं खलनायकों ने सीधा अधिकार कर लिया है और कहीं अपनी विदूषकमय नौटंकियों के फूहड़पन से वे सत्ताधीन हैं; और कहीं अपनी भोग-विलासिता के आभिजात्य एवं वैभ्राज्य से जन-मन को आक्रान्त कर सिंहासनस्थ हैं। लोकतन्त्र के आधार माने जाने वाले संचार माध्यम भी जैसे इस सामूहिक अपराधीकरण के विशाल उद्योग के प्रायोजक बन गए प्रतीत होते हैं।

इस युग के व्यासदेव सम्भवतः एक अलग तरह के महाभारत के अवश्य द्रष्टा बने हैं। उस महाभारत के व्यास तो संजय को भी दूरदर्शन एवं वाणी का वरदान दे सकते थे; हमारे इस युग के व्यास की तो जैसे स्वयं की ही वाणी जवाब दे गई है। इन पंक्तियों का लेखक भी शायद एक ऐसा ही निरुपाय द्रष्टा है। हाँ, उसकी निरुपायता में एक संकल्प भी निहित है। तो क्या, हमारे इस युग के महाभारत की कथा में कोई कृष्ण नहीं; धर्मराज युद्धिष्ठिर और उनके भ्राता नहीं? यहाँ तो जैसे द्रौपदी स्वयं कौरवों की गोद में जाकर बैठी है। उस महाभारत में एक दुःशासन ने जब एक द्रौपदी के चीरहरण का दुस्साहस किया था तो युग के कृष्ण ने अपनी बहन कृष्णा की लाज रख ली थी। हमारे इस युग की स्वतःनिर्वसना होती नारी को अपना तन ढाँपने की दुस्साहस भरी सलाह कौन देगा? नारी नग्नता, मुक्त यौनाचार और व्यभिचार का खुला प्रदर्शन आज राजनीति के अपराधीकरण और आतंकवाद से भी कहीं बड़ा उद्योग बन चुका है। इन अमानवीय, निरंकुश, व्यभिचारवादी और हिंस्रतंत्राधारित उद्योगों को कौन चुनौती देगा?

एक साहसिक, बौद्धिक किन्तु विनम्र चुनौती है यह 'युग मनीषा' शीर्षक के अन्तर्गत प्रकाशित पाँच युग मनीषियों के विचारों का यह संग्रह और संग्रहकर्ता

की यह भूमिका। युग मनीषा के अध्येता इस सत्य को जान लें कि यह वैचारिक संकलन मात्र वैचारिक, बौद्धिक अथवा शैक्षिक लक्ष्य से प्रकल्पित नहीं हुआ; बल्कि इस संकलन और इसकी इस भूमिका में युग की महत्तम विधायक मनीषा की आवाज है। यह एक सम्बोधन है आज की युवा पीढ़ी को जो आने वाले युग का निर्माण करने जा रही है। इन पाँच वैचारिक सम्वादों अथवा तत्सम्बन्धी आलेखों में पृथकतः भी और एक साथ भी, सम्पूर्ण युग का चित्रण भी है, साक्षात्कार भी और युगीन संरचनातन्त्र की निर्मिति प्रक्रिया भी तथा सबसे अधिक महत्वपूर्ण इनकी स्वस्थ दिशा भी।

यहाँ हमें स्मरण आ रहा है कि साहित्य और कविता के क्षेत्र में एक प्रयोग 'तार सप्तक' के रूप में आधुनिकता के प्रस्तोता एवं व्याख्याता श्री अज्ञेय ने किया था। उस संकलन में संकलित सात कवियों में कोई समानता न थी; किसी भी क्षेत्र में वे एकमत नहीं थे; उपलब्धि अथवा प्रतिष्ठा के नाम पर भी किसी के पास कुछ विशेष नहीं था। अतः कुल मिलाकर अज्ञेय ने उन्हें राहों के अन्वेषी कहा था। हमारी इस युग-पंचायत के ये पाँच मनीषी हैं तो विभिन्न क्षेत्रों के; किन्तु सब अपने-अपने क्षेत्रों में प्रतिष्ठा के कीर्तिमान स्थापित करने के साथ-साथ उपलब्धियों-प्राप्तियों के शीर्षस्थ स्थानों पर प्रतिष्ठा प्राप्त कर चुके हैं। कुल मिलाकर भी ये सब भारतवर्ष की समग्र मनीषा का प्रतिनिधित्व करते हैं। एक रूपक के माध्यम से कहा जाए तो प्रस्तुत संकलन में संकलित पाँच मनीषियों के विचारों को पंच महाभूतों से विर्निमित एक अखंड युग मानव के विचार कह सकते हैं। यह भी कह सकते हैं कि पाँच विभिन्न क्षेत्रों के चिन्तकों-विचारकों ने समस्त इतिहास, संस्कृति, सभ्यता, सामाजिक संरचना, युगबोध और सनातन ज्ञान-विज्ञान के परिपार्श्व में विगत दो शताब्दियों में उपस्थित सत्यों, अनुभवों की व्यक्तिगत एवं सामूहिक चेतन व अवचेतन के स्तरों पर जो सजग-चेतन अभिव्यक्तियाँ की हैं; वही युग मनीषा की आत्मा और कलेवर कही जा सकती हैं। कालक्रम से इन युग मनीषियों के नाम हमारे द्वारा प्रयुक्त विशेषणों सहित पुनः द्रष्टव्य हैं–

प्रथम : विश्ववंद्य राष्ट्रपिता महात्मा गाँधी
द्वितीय : भूदान यज्ञ महर्षि राष्ट्रसन्त बिनोबा भावे
तृतीय : प्रबुद्ध मनीषी आचार्य नरेन्द्र देव
चतुर्थ : इतिहास द्रष्टा डॉ. भगवतशरण उपाध्याय
पंचम : समाजशास्त्र मर्मज्ञ डॉ. श्यामाचरण दुबे

भारत वर्ष की मनीषा द्वारा इन युगीन प्रतिनिधियों को युगसिन्धु के विशाल मन्थन से प्राप्त पंचरत्नों के रूप में ग्रहण करने से संकलन में वर्णित विषयों की विविधता एवं व्यापकता का आभास हो जाता है। ये विचारक किसी एक क्षेत्र से नहीं हैं। इन सबको अथवा इनमें से किसी एक को भी साहित्यकार मात्र तो कहा

ही नहीं जा सकता। ये सभी लब्धप्रतिष्ठ मनीषी अपने समय के यानी हमारे इस सम्पूर्ण युग के तटस्थ दर्शक भी हैं; प्रतिबद्ध सूक्ष्मद्रष्टा भी; मूल्यों के व्यावहारिक प्रयोक्ता एवं अन्वेषक भी। अपने-अपने अनुभवों व प्रयोगों से प्राप्त विश्वसनीय निष्कर्षों के आधार पर युग को स्वस्थ दिशा प्रदान करने वाले ये राष्ट्रपुरुष और विशेषज्ञ युगीन प्रश्नों व उनके समाधानों के प्रस्तोता भी हैं। संकलन कर्त्ता के रूप में हम आधिकारिक तौर पर कहना चाहते हैं कि प्रस्तुत वैचारिक संकलन युग-मनीषा का नवनीत है जो भविष्य के निर्माताओं को दिशा देने में समर्थ है। इस मनन-चिन्तन और प्रस्तुति में समग्रता, पारदर्शिता के साथ अनुभूत और प्रमाणपुष्ट दिशा-संधान भी है। भावी मनुष्य, समाज, राष्ट्र और विश्व के निर्माण सम्बन्धी संकलित सूत्रों व विचार सरणियों को हमारे पाँच प्रस्तावों के रूप में भी देखा जा सकता है।

अन्ततः एक प्रस्ताविक के रूप में हम इन युग मनीषियों को पाँच पृथापुत्रों के रूप में अपने अध्येताओं के समक्ष प्रस्तुत करना चाहते हैं जिनका एकमात्र लक्ष्य चेतन-अवचेतन मानस की जीवनीशक्ति कृष्णा के सम्मान को बहाल करना है जो पार्थसारथी श्रीकृष्ण बिना सम्भव नहीं। संस्कृति के इस महासत्य से हम अवगत हैं कि अनन्त चैतन्यस्रोत श्रीकृष्ण अदृश्य होकर भी सबमें स्थित हैं। भारत एक महामानव समुद्र है। महामानव समुद्र की महामानववादी सनातन अमृत चेतना का कोष हमने अपनी इस प्रस्तावना में हस्तामलकवत् लक्षित और ग्रहण किया है। चेतना महासमुद्र से अभिव्यक्त इन पाँच प्रस्तावों के माध्यम से अपने अध्येताओं से परिचित करवाकर इनके संग्राहक और प्रस्तोताभाव से भी हम निरपेक्ष-तटस्थ भाव ग्रहण करना चाहते हैं ताकि युगमन का सीधा सम्वाद प्रारम्भ हो सके। अध्येताओं के लिए मंगलकामना और भारतवर्ष की महाचिति को प्रणाम करना ही इस प्रस्तावना का स्वस्तिवाचन है।

मंगलाकांक्षी

15.06.2002 लक्ष्मीनारायण शर्मा

आकाशदर्शन

महात्मा गाँधी

यरवदा-मन्दिर
11-4-32

सत्य के पुजारी का रस अनन्त होता है। सत्यनारायण की झाँकी के लिए वह अपने-आपको कभी बूढ़ा नहीं मानता। जो हर काम सत्यरूप ईश्वर के ही प्रीत्यर्थ करता है, जो सर्वत्र सत्य को ही देखता है, उसके लिए बुढ़ापा विघ्न-रूप नहीं होता है। सत्यार्थी अपने ध्येय को ढूँढ़ने के लिए अमर है, अजर है।

यह सुन्दर स्थिति मैं तो बरसों से भोग रहा हूँ। जिस ज्ञान से जान पड़े कि मैं सत्यदेव के अधिक पास पहुँच रहा हूँ उसके पीछे जाने में बुढ़ापा मुझे बाधक नहीं हुआ। इसकी ताजा मिसाल मेरे लिए आकाशदर्शन है। आकाश का सामान्य ज्ञान प्राप्त करने की इच्छा तो अन्तर में अनेक बार उपजी; पर मैंने यह मान लिया था कि मेरे और काम मुझे इस ओर लगने की इजाजत न देंगे। यह खयाल गलत भले ही हो, पर जब तक मेरा मन अपनी भूल न देख ले तब तक तो वह मेरे लिए रुकावट बनेगी ही। सन् '22 के कारावास में भाई शंकरलाल को प्रेरणा करनेवाला बहुत करके मैं ही था। उस विषय की पुस्तकें मँगाईं गईं। भाई शंकरलाल ने तो इतनी जानकारी कर ली कि जितने से उन्हें सन्तोष हो जाए। मुझे फुर्सत न मिली।

सन् '30-31 में काका साहब का सत्संग मिला। उन्हें इस विषय का अच्छा ज्ञान है। पर मैंने उनसे उसे न पाया। इसलिए कि उस वक्त मुझे सच्ची जिज्ञासा न थी। 1931 में कारावास के आखिरी महीने में यकायक शौक जगा। बाह्य दृष्टि से जहाँ सहज ही ईश्वर रहता हो उसका निरीक्षण मैं क्यों न करूँ! पशु की तरह आँखें महज देखा करें, पर जिसे देखें वह विशाल दृश्य ज्ञानतन्तु तक न पहुँचे, यह कैसा दयनीय है! ईश्वर की महान लीला के निरखने का यह सुयोग कैसे जाने दिया जाता! यों आकाश को पहचान लेने की जो तीव्र इच्छा उपजी उसे अब छिपा रहा हूँ और यहाँ तक आया हूँ कि आश्रमवासियों को मेरे मन में उठनेवाली तरंगों में साझी बनाए बिना अब नहीं रहा जाता।

हमें बचपन से यह सिखाया गया है कि हमारा शरीर पृथ्वी, जल, आकाश, तेज और वायु नाम के पंचमहाभूतों का बना हुआ है। इन सभी के विषय में हमें थोड़ा-बहुत ज्ञान होना ही चाहिए, फिर भी इन तत्त्वों के विषय में हमें बहुत थोड़ी जानकारी है। इस समय तो हमें आकाश के विषय में ही विचार करना है।

आकाश के मानी हैं अवकाश–खाली जगह। हमारे शरीर में अवकाश न हो तो हम क्षण-भर भी न जी सकें। जो बात शरीर के विषय में है वही जगत के विषय में भी समझनी चाहिए। पृथ्वी अनन्त आकाश से घिरी हुई है, हम अपने चारों ओर जो आसमानी रंग की चीज देखते हैं वह आकाश है, पृथ्वी का छोर–सीमा है। वह ठोस गोला है। उसकी धुरी 7900 मील लम्बी है; पर आकाश पोला है। उसकी धुरी मानें तो उसका कोई ओर-छोर न होगा। इस अनन्त आकाश में पृथ्वी एक रजकण के समान है और उस रजकण पर हम तो रजकण के भी ऐसे तुच्छ रजकण हैं कि उसकी कोई गिनती ही नहीं हो सकती। इस प्रकार शरीर रूप से हम शून्य हैं, यह कहने में तनिक भी अतिशयोक्ति या अल्पोक्ति नहीं। हमारे शरीर के साथ तुलना करते हुए चींटी का शरीर जितना तुच्छ है पृथ्वी के साथ तुलना करने में हमारा शरीर उससे हजारों गुना तुच्छ है। तब उसका मोह क्यों हो! वह छूट जाए तो शोक क्यों करें!

पर इतना तुच्छ होते हुए भी इस शरीर की भारी कीमत है; क्योंकि वह आत्मा का और हम समझें तो परमात्मा का–सत्यनारायण का–निवास स्थान है।

यह विचार अगर हमारे दिल में बसे तो हम शरीर को विकार का भाजन बनाना भूल जाएँ; पर अगर हम आकाश के साथ ओत-प्रोत हो जाएँ और उसकी महिमा तथा अपनी अधिकाधिक तुच्छता को समझ लें तो हमारा सारा घमंड चूर हो जाए। आकाश में जिन असंख्य दिव्य गुणों के दर्शन होते हैं, वे न हों तो हम भी न हों। खगोल वेत्ताओं ने बहुत खोज की है, फिर भी हमारा आकाश विषयक ज्ञान नहीं के बराबर है। जितना है वह हमें स्पष्ट रीति से बताता है कि आकाश में सूर्यनारायण एक दिन के लिए भी अपनी अतंद्रित तपश्चर्या बन्द कर दें तो हमारा नाश हो जाए। वैसे ही चन्द्र अपनी शीत किरणें लौटा ले तो भी हमारा यही हाल होगा और अनुमान से हम कह सकते हैं कि रात्रि के आकाश में जो असंख्य तारागण हमें दिखाई देते हैं उन सबका इस जगत को बनाए रखने में स्थान है। इस प्रकार इस विश्व में सम्पूर्ण प्राणियों के साथ, सम्पूर्ण दृश्यों के साथ हमारा बहुत घना सम्बन्ध है और हम एक-दूसरे के सहारे टिक रहे हैं। अतः हमें अपने आश्रयदाता आकाश में विचरनेवाले दिव्य-गणों का थोड़ा परिचय कर ही लेना चाहिए।

इस परिचय का एक विशेष कारण भी है। हमारे यहाँ कहावत है–'दूर के ढोल सुहावने।' इसमें बहुत सच्चाई है। जो सूर्य हमसे इतनी दूर रहकर हमारा रक्षण

करता है उसी सूर्य के पास जाकर हम बैठें तो उसी क्षण भस्म हो जाएँ। यही बात आकाश में बसने वाले दूसरे गणों की भी है। अपने पास रहनेवाली अनेक वस्तुओं के गुण-दोष हम जानते हैं, इससे कभी-कभी हमें उनसे विरक्ति होती है, दोषों के स्पर्श से हम दूषित भी होते हैं, आकाश के देवगण के हम गुण ही जानते हैं, उनको निहारते हम थकते ही नहीं, उनका परिचय हमारे लिए हानिकर हो ही नहीं सकता और इन देवों का ध्यान धरते हुए हमें अपनी कल्पना-शक्ति को नीतिपोषक विचारों से जितनी दूर ले जाना हो, उतनी दूर ले जा सकते हैं।

इसमें तो शंका ही नहीं कि आकाश के और अपने बीच हम जितना पर्दा खड़ा करते हैं उतने ही अंश में अपनी देह, मन और आत्मा को हानि पहुँचाते हैं। हम स्वाभाविक रीति से रहते हों तो चौबीसों घंटे आसमान के नीचे ही रहें। यह न हो सके तो जितने समय रह सकते हों उतने समय रहें। आकाशदर्शन अर्थात् तारादर्शन तो रात में ही हो सकता है और सबसे अच्छा तो सोते समय हो सकता है। अतः जो इस दर्शन का पूरा लाभ उठाना चाहे उसे तो सीधे आकाश के नीचे ही सोना चाहिए। आसपास ऊँचे मकान या पेड़ हों तो वे इस दर्शन में विघ्न डालते हैं।

बच्चों को और बड़ों को भी नाटक और उनमें दिखाए जानेवाले दृश्य बहुत रुचते हैं; पर जिस नाटक की योजना प्रकृति ने हमारे लिए आकाश में की है उसको मनुष्य-कृत एक भी नाटक नहीं पा सकता। फिर नाटकशाला में आँखें बिगड़ती हैं, फेफड़ों में गन्दी हवा जाती है, और आचरण के बिगड़ने का भी बहुत डर रहता है। इस प्राकृतिक नाटक में तो लाभ-ही-लाभ है। आकाश को निहारने से आँखों को शान्ति मिलती है। आकाश के दर्शन के लिए बाहर रहना ही होगा, इसलिए फेफड़ों को शुद्ध हवा मिलेगी। आकाश को निहारने से किसी का आचरण बिगड़ता आजतक नहीं सुना गया। ज्यों-ज्यों इस ईश्वरीय चमत्कार का ध्यान किया जाता है त्यों-त्यों इस आत्मा का विकास ही होता है। जिसके मन में रोज रात को, सपने में, मलिन विचार आते हों, वह बाहर सोकर आकाश-दर्शन में लीन होने का यत्न कर देखे। उसे तुरन्त निर्दोष निद्रा का आनन्द मिलेगा। आकाश में अवस्थित दिव्य गण मानों ईश्वर का मूक स्तवन कर रहे हों। हम जब इस महादर्शन में तन्मय हो जाएँगें तब हमारे कान उसको सुनते जान पड़ेंगे। जिसके आँखें हों वह इस नित्य-नवीन नृत्य को देखे। जिसके कान हों वह इन अगणित गन्धर्वों का मूक गान सुने।

आइए, अब हम इनके बारे में कुछ जानें या मुझे जो बहुत-थोड़ा मिला है, उसमें सब साथियों को साझी बनाऊँ। सच पूछिए तो पृथ्वी आदि के विषय में थोड़ा सामान्य ज्ञान प्राप्त कर लेने के बाद आकाश-दर्शन किया जाए तो ठीक कहा जाएगा। हो सकता है कि मैं जो लिखनेवाला हूँ वह सब काका साहब के सम्पर्क

में आए हुए आश्रम के बालक जानते हों। ऐसा हो तो अच्छा ही है। मैं आश्रम के छोटे-बड़े, नए-पुराने सबके लिए लिख रहा हूँ। उसमें जिसको रस मिले उसके लिए तो यह विषय बिलकुल ही आसान हो जाएगा। प्रार्थना के बाद तुरंत आकाशदर्शन करना अच्छा होगा। इसमें एक बार बीस मिनट से अधिक समय देने की जरूरत नहीं। जो समझेगा वह इसे प्रार्थना का अंग ही मानेगा। बाहर सोनेवाला अकेले जितनी देर ध्यान करना हो, करे। थोड़ी ही देर में उसी ध्यान में वह सो जाएगा। रात में नींद टूटे तो फिर थोड़ी देर दर्शन कर ले। आकाश प्रतिक्षण फिरता दिखाई देता है। इससे क्षण-क्षण में उसके दर्शन बदला ही करते हैं।

आठ बजे आकाश की ओर देखिए तो पश्चिम में एक भव्य आकृति के दर्शन होंगे।

यह आकृति पश्चिम में होगी। मैं पूरब में सिर रखकर सामने देख रहा हूँ। इस तरह देखनेवाला इस आकृति को भूल सकता ही नहीं। इन दिनों उजला पाख है, इसलिए यह तारामंडल और कई दूसरे भी कुछ धूमिल दिखाई देते हैं। फिर भी यह मंडल इतना तेजस्वी है कि मुझ-जैसे नौसिखिए को भी उसे ढूँढ़ लेने में कठिनाई नहीं होती। इसके विषय में हमारे यहाँ और पश्चिम में लोगों का क्या ख्याल है, यह पीछे बताऊँगा। इस वक्त तो इतना ही कहूँगा कि इस मंडल के स्थान का वर्णन वेद में देखकर लोकमान्य तिलक महाराज वेद के काल की खोज कर सके थे। आश्रम के पुस्तक-संग्रह में स्वर्गवासी दीक्षितजी की पुस्तक है, उसमें तो बहुत बातें बताई गई हैं। मेरा काम तो रस उत्पन्न कर देना मात्र है, पीछे तो आश्रम वासियों से मैं अधिक सीख सकूँगा। मेरे लिए तो ये नक्षत्र ईश्वर के साथ सम्बन्ध जोड़ने के साधन हो गए हैं। आश्रमवासियों के लिए भी हों।

"जैसे (चरखे से) सूत निकलता है वैसे तू रह और जैसे बने वैसे हरि को प्राप्त कर!"[1]

1. गुजराती सन्तकवि अक्खा भगत (1615-1674 ई.) की एक पंक्ति का भाव।–अनु.

यरवदा-मन्दिर
18-4-32

पिछली बार तारामंडल का जो चित्र भेजा है उसके विषय में अनेक कल्पनाएँ हैं। इस मंडल के चित्रों में से एक भी सम्पूर्ण नहीं होता। जितने तारे चित्र में दिखाई देते हैं उनसे कहीं अधिक उसमें होते हैं। इसलिए सबसे अच्छा उपाय यह है कि हर आदमी अपने-अपने लिए चित्र बनाए और जितने तारे खाली आँख से दिखाई दें उनके चिह्न बना ले। इससे तारों को पहचानने की शक्ति तुरन्त बहुत बढ़ जाएगी और नक्शों में जो तस्वीरें आती हैं उनकी बनिस्बत अपने हाथों अपने लिए खींचा हुआ चित्र बढ़िया होगा; क्योंकि अलग-अलग जगहों से देखने में थोड़ा-थोड़ा फर्क तो पड़ता ही है। हर आदमी नियत स्थान से नियत समय पर निरीक्षण करे तो ज्यादा अच्छा है। यह सूचना नक्शे के बारे में और आरम्भ करने वाले के लिए है। आप एक बार अच्छी तरह नक्षत्रों की पहचान कर लें तो फिर कहीं भी हों, अपने इन दिव्य मित्रों या दिव्य गणों को तुरन्त पहचान लेंगे।

मद्रास के 'हिन्दू' दैनिक के साथ एक साप्ताहिक निकलता है, बम्बई के 'टाइम्स' के साथ भी निकलता है। दोनों में हर महीने दिखाई देनेवाले तारक-मंडलों के नक्शे छपा करते हैं। 'हिन्दू' में हर महीने के पहले हफ्ते में और 'टाइम्स' में दूसरे हफ्ते में निकलता है। इनमें से कोई नक्शा हाथ आ जाए तो उसमें हमें बहुत कुछ मिल जाएगा। 'कुमार' (गुजराती मासिक) का सौवां या शती अंक निकलनेवाला है, उसमें भाई हीरालाल शाह ने इस विषय पर लेख भेजा है। उनका अध्ययन गहरा मालूम होता है। यह लेख जिसे देखना हो वह देख जाए। मैं तो इस लेख के बाद इस विषय पर अधिक न लिखूँगा। मैं आकाशदर्शन किस रीति से कर रहा हूँ, इसको यहाँ थोड़ा अधिक स्पष्ट करूँगा। इससे आगे जाऊँ तो इस हफ्ते में जो दूसरी चीजें लिखने को हैं वे रह जाएँगी। प्रसंगवश कुछ भेज दूँ तो वह अलग होगा, या फिर किसी के प्रश्न पर भेजूँ।

जिस नक्षत्र का चित्र मैंने दिया है उसका नाम अपने यहाँ मृग या मृगशीर्ष है। उसी पर से हमारे अगहन महीने का नाम मार्गशीर्ष–मगसिर–पड़ा है। हमारे महीनों के नाम उन नक्षत्रों के नाम पर से पड़े हैं। मृग-नक्षत्र को पश्चिम में 'ओरायन' कहते हैं। यह शिकारी है। इसके पूरब में दो सीधी रेखाओं में बहुत तेजस्वी तारे हैं। उनके शिकारी के कुत्ते होने की कल्पना की गई है। जो पश्चिम में है वह बड़ा और जो उत्तर में है वह छोटा कुत्ता है। पूरब की ओर और दक्षिण में शिकारी के चौथे कोने के तारे के नीचे जो नक्षत्र दिखाई देता है वह खरगोश मान लिया गया है। कुत्ते उसकी ओर दौड़ते हैं। बीच में जो तीन तारे हैं वे शिकारी के कमरबन्द के तीन रत्न हैं।

ऐसी आकृतियाँ भी खींची गई हैं। बड़े कुत्ते को हमारे यहाँ लुब्धक और

उपर्युक्त तीन तारों को मृग का पेट कहते हैं। उसके दक्षिण में जो तारा है वह लुब्धक का छोड़ा हुआ बाण है। उत्तर की ओर चतुष्कोण के बाहर के तीन तारे मृग के सिर हैं। यह सारी कल्पना खासी मनोरंजक है। उसकी उत्पत्ति के विषय में बहुत लिखा गया है। उसमें से बहुत ही थोड़ा मैं पढ़ पाया हूँ।

आकाश में ऐसी आकृति बिलकुल नहीं है। वह हमें जितनी नजदीक दिखाई देती है उतनी नजदीक भी नहीं है। ये तारे तारे नहीं, बल्कि सूर्य से भी बड़े सूर्य हैं। करोड़ों मील दूर होने के कारण वे आकाश में बूँद की तरह झलकते हैं। इन सूर्यों के विषय में हमारा ज्ञान बहुत थोड़ा है; पर अपढ़-से-अपढ़ के लिए भी ये तारागण मित्र के प्रयोजन की पूर्त्ति करते हैं। क्षण-भर उनकी ओर दृष्टि की कि तुरन्त देखनेवाला चाहे तो अपने सारे दुःख-दर्द भूल जाए और भगवान की महिमा गाने लगे। तारों को वह ईश्वर के दूत मान सकता है, जो सारी रात हमारी रखवाली किया करते हैं और हमें आश्वासन देते हैं। यह तो सत्य सिद्ध हुआ है। तारे सूर्य हैं, बहुत दूर हैं, आदि बुद्धि के प्रयोग हैं। वे हमें ईश्वर की ओर ले जाने में जो सहायता देते हैं वह अवश्य हमारे लिए पूरा सत्य है। शास्त्रीय रीति से हम जल को अनेक रीतियों से पहचानते हैं, पर उस ज्ञान का शायद कोई उपयोग नहीं करते। वह प्राण और शरीर को साफ-सुथरा रखने की चीज है, यह ज्ञान और उसका यह उपयोग हमारे लिए बड़े ही काम के हैं और हमारे लिए यह उपयोग सत्य है। फिर वस्तुतः वह कोई दूसरा ही पदार्थ हो और उसका इससे अधिक उपयोग हो सकता हो तो अच्छा ही है। यही बात तारागण के विषय में है। उनके उपयोग अनेक हैं। मैंने तो मुझे उनका जो प्रधान गुण जान पड़ा उसका ही मनन और तदनुसार उपयोग सुझाया है। जान पड़ता है, कुछ ऐसा ही प्राचीन काल से चलता आ रहा है। पीछे कालक्रम से अनेक प्रकार के दूसरे वर्णन उसमें मिल गए और आख्यायिकाएँ उत्पन्न हुईं। इन सबको हम इस विषय में रुचि बढ़ाने के लिए अवश्य पढ़ें, पर जो मूल उपयोग मैंने सुझाया है उसको न भूलें।

मृग के उत्तर में दो दूसरे मंडल हैं, उनकी पहचान हम कर लें—

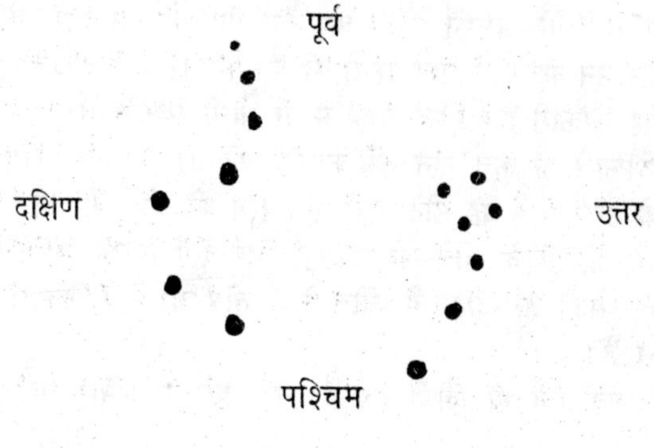

इनमें बड़ा मंडल सप्तर्षि है। छोटे को ध्रुव मत्स्य कहते हैं। दोनों में सात-सात तारे दिए हैं, पर सप्तर्षि में दूसरे बहुत-से हैं। वे 'टाइम्स' और 'हिन्दू' के चित्रों में मौजूद हैं। ध्रुव मत्स्य में दूसरे तारे नहीं दिखाई देते। इन दिनों उजाले पक्ष में शायद तीन ही दिखाई देंगे—दो चतुष्कोण के और एक सिरे का—जिसका नाम ध्रुव है। ध्रुव ऐसा तारा है जो लगभग अचल रहता है और इससे पिछले जमाने में तो नाव-जहाज चलानेवालों को बड़ी मदद मिलती थी। ये दोनों मंडल ध्रुव की प्रदक्षिणा ही करते हुए जान पड़ते हैं। इन दिनों इनकी गति देखने का बड़ा आनन्द आता है। सारी रात इनका स्थान बदलता रहता है। इसको नोट करते जाएँ तो इनके मार्ग का नक्शा खासा कुंडलाकार होगा। पश्चिम में इन्हें बड़ा रीछ और छोटा रीछ कहते हैं। एक पुस्तक में तो इनके सुन्दर चित्र भी मैंने देखे हैं। बड़े रीछ को हल की उपमा भी देते हैं। सप्तर्षि रात के घड़ियाल का काम देते हैं। थोड़ा अभ्यास हो जाने के बाद सप्तर्षि की गति का समय अवश्य जाना जा सकता है।

पर अमूल्य होते हुए भी ये उपयोग और ये नाम मूल उपयोग के सामने मुझे तुच्छ-से लगते हैं। हमें चाहिए कि आकाश जैसा स्वच्छ है वैसे हम स्वच्छ हों, तारे जैसे तेजस्वी हैं वैसे हम तेजस्वी हों। वे जैसे ईश्वर का मूक स्तवन करते जान पड़ते हैं वैसे हम करें। वे जैसे अपना रास्ता एक क्षण के लिए भी नहीं छोड़ते वैसे हम भी अपना कर्त्तव्य न छोड़ें।

समष्टि और व्यक्ति

आचार्य नरेन्द्र देव

व्यक्ति और समष्टि विवाद का बहुत पुराना है। दार्शनिकों में भी दोनों मतवादों के पक्षपाती पाए जा हैं। प्लेटो ने अपनी 'रिपब्लिक' में समष्टिवाद का समर्थन किया है। हेगेल ने अपने दार्शनिक विचारों में इसी वाद को आश्रय दिया है। हेगेल के अनुसार सर्व समष्टि के प्रतिरूप इस बाह्य जगत में संस्थाओं का आकार धारण करते हैं; भाषा, राज, कला, धर्म इसी प्रकार की संस्थाएँ हैं। इन संस्थाओं की अन्तरात्मा को आत्मसात् करने से ही व्यक्तिगत विकास होता है। संस्थाओं के विरुद्ध व्यक्तियों के इसमें कोई आध्यात्मिक अधिकार नहीं हैं। यह ठीक है कि इतिहास बताता है कि संस्थाओं में परिवर्तन होता है, किन्तु यह परिवर्तन विश्वात्मा का काम है। विश्वात्मा अपने महापुरुषों का वर्णन करता है। यही उसके उपकरण हैं। इनसे अन्यत्र व्यक्तियों का कोई हाथ नहीं होता। 19वीं शती के अन्तिम भाग में हेगेलवाद का सम्मिश्रण जीव-शास्त्र के विकास-सिद्धान्त से हो गया। 'विकास' (Evolution) वह शक्ति है जो अपने लक्ष्य में परिणत होता है। इसके विरुद्ध व्यक्तियों के भाव और उनकी इच्छाएँ अशक्त हैं अथवा इन्हीं के द्वारा 'विकास' अपना कार्य सम्पन्न करता है। हेगेल के कुछ अनुयायियों ने सर्व समष्टि और व्यक्ति का सामंजस्य करने की चेष्टा की। उन्होंने समाज को समुदाय-मात्र न मानकर एक अवयवी माना। इसमें सन्देह नहीं कि व्यक्ति योग्यता के प्रयोग के लिए सामाजिक संगठन का होना आवश्यक है। किन्तु समाज को अवयवी मानने का यह अर्थ होता है कि प्रत्येक व्यक्ति का एक मर्यादित स्थान और उसकी एक नियत वृत्ति है और उसकी पूर्ति अन्य अवयवों और वृत्तियों से होती है। इसकी उपमा शरीर से दी जाती है। शरीर के विभिन्न अवयवों का अन्योन्य-सम्बन्ध होता है तथा शरीर के साथ एक विशेष सम्बन्ध होता है। प्रत्येक अवयव की वृत्ति नियत है। वह इस विषय में स्वतन्त्र नहीं है। अपनी नियत क्रिया को सम्पन्न करने में ही अवयव की कृत-कृत्यता है और इसी प्रकार शरीर की स्थिति सम्भव है। इस दृष्टान्त को समाज में लागू करने का यह फल होता है कि समाज के संगठन में वर्गों का जो विभेद है उसको दार्शनिक आश्रय प्राप्त होता है।

समाज-शास्त्रियों में ऐसे विचार के भी हैं जो व्यक्ति पर समाज की प्रधानता स्वीकार करते हैं। यह समाज का भी अपना एक व्यक्तित्व मानते हैं। इनके अनुसार समाज व्यक्तियों का समुदाय-मात्र नहीं है। समाज के व्यक्तित्व को यह मानव के व्यक्तित्व की अपेक्षा कहीं अधिक ऊँचा मानते हैं। इसके अनुसार समुदाय तथा समाज, राष्ट्र, राज्य का ही वस्तुतः व्यक्तित्व है। व्यक्ति एक क्षुद्र, अकिंचन अंश-मात्र है, समाज रूपी बृहत् शरीर का वह एक तुच्छ कण है।

इस विचार-सरणि का 20वीं शती पर बड़ा प्रभाव पड़ा है। फासिज्म को इसी से प्रेरणा मिली थी। राष्ट्र और राज्य सब कुछ हैं, व्यक्ति कुछ नहीं है। राष्ट्र और राज्य के व्यक्तित्व में अपने व्यक्तित्व को विलीन करने में ही व्यक्ति की सफलता और परिपूर्णता है। इसी विचार ने राज्य को सर्वोपरि बना दिया और उसको मनुष्य के जीवन के सब विभागों पर पूर्ण आधिपत्य प्रदान किया।

इस विचार के फैलने के कई कारण हैं। पूँजीवादी युग के जनतन्त्र की असफलता और बड़े पैमाने के उद्योग, व्यापार की अतिशय वृद्धि इसके मुख्य कारण हैं। राजनीतिक जनतन्त्र व्यक्तिगत स्वातन्त्र्य की रक्षा करता है और प्रत्येक व्यक्ति को वोट का अधिकार देता है, किन्तु वह गरीब और बेकारी की समस्या को हल नहीं करता। इसका इलाज तो यह था कि अधूरे जनतन्त्र को पूर्ण किया जाए, आर्थिक क्षेत्र में भी जनतन्त्र का प्रयोग किया जाए और इस प्रकार व्यक्तिगत स्वातन्त्र्य की रक्षा करते हुए गरीबी और बेकारी को दूर किया जाए। किन्तु ऐसा न करके जनतन्त्र पर ही आक्रमण किया और उसका उपहास किया गया। इससे जनतन्त्र को आघात पहुँचा और लोग यह समझने लगे कि राजनीतिक जनतन्त्र एक प्रकार का ढोंग है। लोगों का विश्वास जनतन्त्र के उन मूल्यों पर से उठने लगा जिनको पश्चिमी यूरोप ने अनेक कष्ट सहकर और अनेक संघर्षों के पश्चात् प्राप्त किया था। इससे फासिज्म को बल मिला।

पूँजीवाद के प्रसार ने छोटे पैमान के उद्योग-व्यापार को छिन्न-भिन्न कर दिया। बैंकों के पास अथाह पूँजी हो गई और वह भी इस पूँजी को प्रत्यक्ष रूप से उद्योग-व्यवसाय में लगाने लगे। बड़े-बड़े व्यवसायियों ने छोटे दुकानदारों पर भी धावा बोल दिया और उनके व्यापार को खत्म कर दिया। व्यवसायियों के बड़े-बड़े समुदाय बन गए और इनका मुकाबला करना असम्भव हो गया। पूँजीवाद के विकास का यही प्रकार है। आर्थिक क्षेत्र में जब यह व्यवस्था उत्पन्न हो गई तब इसका प्रभाव सामाजिक जीवन पर पड़ने लगा। जिस समाज में धन का सबसे अधिक महत्त्व हो उस समाज में आर्थिक पद्धति, सामाजिक जीवन के सब आकारों को प्रभावित करने लगती है। इसके परिणामस्वरूप व्यक्ति का महत्व केवल आर्थिक क्षेत्र में ही नहीं, किन्तु समस्त जीवन में बँट गया। व्यक्ति एक बड़ी मशीन का कल-पुरजा-मात्र रह गया और बृहत् समुदाय की तुलना में तुच्छ और नगण्य हो

गया। इस परिस्थिति में अपने क्षुद्र व्यक्तित्व के विकास की बात सोचना अर्थशून्य हो गया, और जो इस प्रकार सोचता है वह समाज का शत्रु और व्यक्तिवादी समझा जाता है। राष्ट्र और राज्य के हित ही सर्वोपरि हैं और उनके लिए अपने व्यक्तिगत स्वार्थों का बलिदान करना प्रत्येक नागरिक का कर्त्तव्य है। नागरिक अधिकार, व्यक्तिगत स्वातन्त्र्य आदि व्यर्थ की बकवाद है, और यदि वस्तुतः जनसाधारण सफल अधिकार और स्वत्व का प्रभव और उद्‌गम-स्थान है तो राज्य, जो जन-साधारण का प्रतिनिधित्व करता है, व्यक्ति पर प्रधानता पाने का अधिकारी है। इसीलिए शासक अपने शासन को सच्चा जनतन्त्र घोषित करते हैं।

समाजवादी भी इस विचार-धारा से प्रभावित हुए। उन पर हेगेल के विचारों की छाप है। रैमजे मैकडोनाल्ड तक ने अपने ग्रन्थ में लिखा है कि व्यक्ति उस दैवी घटना का उपकरण मात्र है जिस ओर सारी सृष्टि बढ़ रही है। राज्य सर्व समष्टि के राजनीतिक व्यक्तित्व का प्रतिनिधि है, वह समष्टि के लिए सोचता-विचारता है।

कुछ समाजवादियों का कहना है कि भविष्य के आदर्श समाज में मनुष्य अपने व्यक्तित्व का अनुभव ही नहीं करेगा और हर प्रकार से समुदाय में विलीन हो जाएगा। उसका जीवन सामुदायिक जीवन हो जाएगा, उसके विचार, उसकी वेदना और उसकी अभिलाषाएँ सामुदायिक हो जाएँगी।

यह विचार-सरणि व्यक्ति-महत्त्व को सर्वथा विनष्ट कर देती है और उसकी बलिवेदी पर समुदाय के महत्त्व को बढ़ाती है। किन्तु मार्क्स तथा एंगेल्स की शिक्षा के यह सर्वथा प्रतिकूल है। कम्युनिस्ट मैनिफेस्टो में मार्क्स ने कहा है कि 'प्रत्येक के स्वच्छन्द विकास से सबका स्वच्छन्द विकास होता है।' एक दूसरे स्थल पर मार्क्स कहते हैं कि 'श्रमजीवी तभी स्वतन्त्र है जब वह अपने उपकरणों का मालिक है।' यह स्वामित्व दो में से एक रूप धारण करता है और जब व्यक्तिगत स्वामित्व का नित्य लोप होता जाता है तब उसके लिए केवल सामुदायिक स्वामित्व रह जाता है। समाजवाद के उपक्रम के इतिहास पर यदि हम विचार करें तो मालूम होगा कि वह उस पूँजीवादी समाज के विरोध में उत्पन्न हुआ था जो मनुष्य को वस्तु-उपकरण मात्र बनाकर गुलाम बनाना चाहता था। मार्क्स व्यक्ति के पूर्ण विकास के लिए समाजवाद की स्थापना चाहते थे। समुदाय का अपना ऐसा कोई आन्तरिक माहात्म्य नहीं है। इसकी आवश्यकता स्वतन्त्रता की गारन्टी देने के लिए है। समाज में रहकर ही व्यक्ति का विकास सम्भव है और उद्योग-व्यवसाय के युग में राष्ट्र की सम्पत्ति के समाजीकरण का फल यह होता है कि राज-कर्मचारियों की प्रधानता हो जाती है और जब राजनीतिक और आर्थिक शक्ति राज्य में केन्द्रित हो जाती है तब सारा झुकाव समुदाय को प्रधानता देने का हो जाता है। तब समुदायत्व ही सिद्धान्त बन जाता है और जो आरम्भ में एक लक्ष्य के पाने का उपकरण मात्र

था, वह स्वयं लक्ष्य हो जाता है। इस दोष का निवारण हो सकता है और व्यक्ति-स्वातन्त्र्य और सामुदायिक आर्थिक जीवन में कोई नैसर्गिक विरोध नहीं है।

समष्टिवाद के विरुद्ध काण्ट व्यक्ति को किसी बाह्य उद्देश्य की पूर्ति का साधन नहीं मानता। उसका विचार है कि प्रत्येक मानव स्वतः उद्देश्य-स्वरूप है। उसका महत्त्व सबसे अधिक होता है। मानव गौरवपूर्ण है, उसके व्यक्तित्व का विकास सर्वोत्कृष्ट नियम है। इसे व्यक्तिवाद कहते हैं। किन्तु कुछ लोगों ने इसे अतिव्यक्तिवाद का रूप दे दिया है। उनका कहना है कि व्यक्ति के विकास के लिए जायदाद पर उसका स्वामित्व होना आवश्यक है। स्वामित्व की कोई सीमा निर्धारित करनी चाहिए। यह अनियन्त्रित उद्योग व्यापार के समर्थक हैं। उसका मत है कि इस स्वतन्त्रता का प्रतिषेध करना व्यक्तिगत स्वातन्त्र्य का प्रतिषेध करना है।

वस्तुतः व्यक्ति और समष्टि में कोई नैसर्गिक विरोध नहीं है। आज के युग में आर्थिक क्षेत्र में समुदायत्व अनिवार्य है। इस समुदायत्व को स्वीकार करके ही हम लोग आगे बढ़ सकते हैं, यही मानव का उत्कृष्ट मूल्य है। उसको पूर्ण विकास का अवसर मिलना चाहिए। आज करोड़ों लोग इस अवसर से वंचित हैं। परिस्थितियाँ ऐसी हैं जो उसको विकास का अवसर नहीं देतीं। इन परिस्थितियों को बदलना चाहिए। स्वतन्त्र वातावरण में ही व्यक्तित्व निखरता है, उसका विकास होता है। किन्तु स्वतन्त्रता का अर्थ उच्छृंखलता नहीं है, मर्यादाहीनता नहीं है। विकास-प्राप्त मानव सुसंस्कृत है और जो दूसरों की स्वतन्त्रता का ध्यान रखता है, वह संयत होता है। समाज में रहकर ही मानवोचित गुणों का विकास होता है। दया, भ्रातृभाव, त्याग आदि गुण समाज में रहकर ही प्रादुर्भूत होते हैं। समाज द्वारा ही मानव का विकास हुआ है। किन्तु यह विकास कुछ मर्यादा स्वीकार करके ही हो सकता है। अन्तर इतना ही है कि मर्यादा या नियन्त्रण स्वेच्छा से स्वीकार किया जाता है, दूसरा बाहर से आरोपित होता है। समाज में रहकर तरह-तरह के नियम मानने पड़ते हैं, अन्यथा समाज विशृंखल हो जाता है और किसी को भी विकास का अवसर नहीं मिलता। अतः सबकी स्वतन्त्रता की रक्षा के लिए उचित मर्यादा का स्वीकार करना आवश्यक है। किंतु यदि राज्य की ओर से व्यक्ति की स्वतन्त्रता का अपहरण होता है, यदि उसके नागरिक अधिकार सुरक्षित नहीं हैं, यदि उसको अपने भावों को व्यक्त करने तथा दूसरों के साथ सहयोग कर किसी उद्देश्य की प्राप्ति के लिए संगठन बनाने की स्वतन्त्रता नहीं है तो व्यक्ति के विकास में बाधा पहुँचती है।

प्राचीन भारत में वर्णाश्रम की व्यवस्था थी। इसकी रक्षा करना राज्य का कर्त्तव्य था। सामाजिक संगठन में राज्य का हस्तक्षेप नहीं होता था। समाज वर्णों में विभक्त था। प्रत्येक वर्ण की जीविका नियत थी, सामाजिक नियन्त्रण कुछ बातों में कठोर

था। खान-पान, विवाह-सम्बन्ध और जीविका के विषय में कठोर नियन्त्रण था, किन्तु विचार की स्वतन्त्रता थी। आप चाहे ईश्वर के अस्तित्व को मानें या न मानें, आपका धर्म चाहे वेद-बाह्य हो, आप समाज से बहिष्कृत नहीं हो सकते। किन्तु जिस काल में प्रतिलोम विवाह मना था, उस काल में प्रतिलोम विवाह करने पर समाज से पृथक् होना पड़ता था और जिस काल में केवल सवर्ण विवाह की ही अनुज्ञा थी, उस काल में असवर्ण विवाह करने पर समाज से अलग होना पड़ता था। इसी प्रकार अन्त्यज अपनी जाति के रिवाज और नियमों से बँधे हुए थे। जो अधिकार द्विजों को प्राप्त था, वह शूद्रों और दूसरे लोगों को नहीं था। आजीविका के कुलागत होने के कारण और प्रत्येक वर्ण की आजीविका के नियत होने के कारण स्वाभाविक विकास में रुकावट होती है। किन्तु जो सन्यास ग्रहण करता था और घरबार छोड़कर आध्यात्मिक चिन्तन में लगता था, उसके लिए सामाजिक नियम नहीं थे। श्रमण सब कोई हो सकते थे और निःश्रेयस की प्राप्ति के लिए प्रयत्नशील हो सकते थे। मोक्ष परम पुरुषार्थ है। उपनिषदों में लिखा है कि मनुष्य से श्रेष्ठतर कुछ नहीं है। स्वर्ग और नरक भोग-भूमियाँ हैं। मनुष्य-जन्म में ही मोक्ष की साधना हो सकती है। भव-चक्र से छुटकारा पाना और सब बन्धनों से विनिर्मुक्त होना जीवन का चरम लक्ष्य समझा जाता है। सब दर्शनों का ध्येय मोक्ष, अपवर्ग, निःश्रेयस या निर्वाण है। इस अर्थ में सब दर्शन मोक्षशास्त्र हैं। जो परम पुरुषार्थ के लिए यत्नशील है वह साधारण जन के समान आचरण नहीं करता। उसकी चर्या भिन्न है, उसका समाज में सबसे अधिक आदर होता है, उसके लिए समाज के बन्धन नहीं हैं। अतः हमारे देश में आध्यात्मिक जीवन के विषय में व्यक्ति-स्वातन्त्र्य था। किन्तु सामाजिक बन्धन कुछ बातों में कठोर था। प्राचीन काल में सब देशों में अपने समाज पर व्यक्ति को बहुत-कुछ आश्रित रहना पड़ता था। यही बात यहाँ भी थी। इसीलिए व्यक्ति पर समाज का नियन्त्रण भी अधिक था। सम्मिलित कुल की प्रणाली में कुल का कठोर नियन्त्रण होता है। कुल इकाई समझा जाता है, व्यक्ति नहीं। मनुष्यों का संगठन कुल कबीलों से गुजरकर राष्ट्र के स्तर तक पहुँचा है और अब वे सब साधन एकत्र हो रहे हैं जो एक संसार, एक राज्य की भावना को साकार कर सकते हैं। पश्चिम यूरोप का व्यक्ति किस प्रकार कुल और धार्मिक संस्थाओं के नियन्त्रण से स्वतन्त्र हुआ है और किस प्रकार उसने राज्य के विरुद्ध लड़कर नागरिक अधिकार प्राप्त किए हैं, इसका इतिहास बड़ा रोचक है। प्राचीन काल में हमारे यहाँ राज्य की ओर से कोई ऐसे नियन्त्रण न थे जिनसे विचार-स्वातन्त्र्य को क्षति पहुँचे। समाज का नियन्त्रण अवश्य था। उसकी ओर से भी विचार की स्वतन्त्रता में कोई बाधा न थी। किन्तु कुछ विषयों में कार्य की स्वतन्त्रता न थी। समष्टि का इन विषयों में व्यक्ति पर अक्षुण्ण अधिकार था।

यह स्पष्ट है कि व्यक्ति को अमर्यादित स्वतन्त्रता नहीं दी जा सकती, क्योंकि

सब व्यक्तियों की स्वतन्त्रता की रक्षा करनी है। मर्यादा को स्वीकार करके ही व्यक्तित्व का विकास सम्भव है। व्यक्ति को यह स्वीकार करना पड़ेगा। यह ठीक है कि व्यक्ति पर परिस्थिति का प्रभाव पड़ता है, किन्तु यह भी सत्य है कि व्यक्ति परिस्थिति को बदलता है। मानव और प्रकृति की एक-दूसरे पर क्रिया-प्रतिक्रिया होती रहती है। जीवन और समाज स्थिर नहीं हैं। उनको बदलने की आवश्यकता पड़ती रहती है। यदि व्यक्ति की स्वतन्त्रता का लोप हो जाए और कानून, परम्परा और रूढ़ि द्वारा उसको स्वतन्त्र रीति से सोचने और काम करने का अधिकार न दिया जाए तो समाज की उन्नति का क्रम बन्द हो जाए और मानवोन्नति असम्भव हो जाए। इतिहास बताता है कि जिस समाज में व्यक्ति की स्वतन्त्रता का अपहरण किया गया और राज्य या समाज की ओर से विचारों का दमन हुआ, उस समाज में गत्यवरोध हुआ और उसका ह्रास और पतन हुआ। विचार और संस्था के इतिहास में एक समय आता है जब वह जड़ और स्थिर हो जाती है। परिस्थितियाँ बदल जाती हैं और वे नए विचारों और नई संस्थाओं की माँग करती हैं। किन्तु पुराने विचार और पुरानी संस्थाएँ मनुष्य पर ऐसा प्रभाव जमाए रहती हैं कि वह नए सिरे से सोचने को तैयार नहीं होता। अतः समाज के स्वस्थ जीवन के लिए ऐसे केन्द्र होने चाहिए जहाँ से पुराने विचारों और संस्थाओं की आलोचना होती रहे और जिनसे नए विचारों के उपक्रम में सहायता मिलती रहे, जिससे जीवन का प्रवाह कभी रुके नहीं और जीवन किसी सोते में आबद्ध न हो। इसके लिए विचार-विनिमय की स्वतन्त्रता अपेक्षित है।

यदि प्रत्येक व्यक्ति अपनी मर्यादा को समझे तो व्यक्ति और समष्टि में कोई झगड़ा नहीं है। आखिर, यह व्यक्ति का विकास है क्या? अपनी निहित शक्तियों का पूर्व आविर्भाव। यह कार्य समाज में रहकर ही होता है, अन्यथा नहीं। ज्यों-ज्यों समाज ऊँचे स्तर में उठता है, त्यों-त्यों व्यक्तित्व के विकास की गहराई बढ़ती जाती है। एक कबीले के व्यक्ति और राष्ट्र के व्यक्ति की परस्पर तुलना करने से मालूम होगा कि राष्ट्र के विचार, अनुभव और कल्पना नें कितना आकाश-पाताल का अन्तर हो गया है। धीरे-धीरे व्यक्तित्व समृद्ध होता है। पुनः एक अन्तर्राष्ट्रीय व्यक्ति, जो सकल विश्व को अपने व्यक्तित्व में समा लेता है, राष्ट्र की सीमा का उल्लंघन करता है; जाति, धर्म, रंग का भेद न करके मनुष्य मात्र के प्रति आदर और प्रेम का भाव रखता है, तथा विश्व-बन्धुत्व की भावना से प्रेरित हो अपने सब कार्यों को करता है। उसके व्यक्तित्व की उदारता, समृद्धि तथा वैचित्र्य का क्या कहना! उसकी सूक्ष्म दृष्टि, उसकी गम्भीर और कोमल अनुभूति सकल विश्व से उसका तादात्म्य स्थापित करती है। ऐसा मनुष्य जगद्वन्द्य है। ऐसे व्यक्तित्व के लिए स्वच्छन्द वातावरण चाहिए। अतः व्यक्ति और समष्टि के बीच सामंजस्य का होना जरूरी है। समाज का उचित हस्तक्षेप कहाँ और किस दरजे तक हो सकता है तथा

वह कौन-सा क्षेत्र है, उसकी क्या सीमाएँ हैं जिसमें व्यक्ति का एक-मात्र आधिपत्य होना चाहिए—इन बातों का निर्णय होना आवश्यक है।

हमारे समाज में विचार-स्वातन्त्र्य रहा है। इसके कारण धार्मिक सहिष्णुता भी रही है। इसी कारण आज भी हम स्त्रियों को या हरिजनों को राजनीतिक अधिकार देने का विरोध नहीं करते। यूरोप को या रोमन कैथोलिक और प्रोटेस्टेंटों को वोट के सामान्य अधिकार के लिए कितना संघर्ष करना पड़ा है! हाँ, हमारे यहाँ सामाजिक अधिकार देने के लिए अवश्य विरोध किया जाता है, क्योंकि सामाजिक संग्रन्थन ही हिन्दू-धर्म की विशेषता है। इस विचार-स्वातन्त्र्य की, जो हमारी सबसे बड़ी निधि है, हमको रक्षा करनी है और उसकी युग के अनुकूल वृद्धि भी करनी है। बिरादरी के बन्धन ढीले हो रहे हैं, व्यक्ति उनके कठोर नियन्त्रण से मुक्त हो रहा है। किन्तु एक ओर अतिव्यक्तिवाद का भय है और दूसरी ओर यह भय है कि कहीं भविष्य में अतिसमष्टिवाद व्यक्ति को ग्रसित न कर ले। हमको इन दोनों भयों का प्रतिकार करना है और एक ऐसी व्यवस्था के लिए यत्नशील होना है जो व्यक्ति और समष्टि का उचित समन्वय कर सके। इसमें सन्देह नहीं कि मानव से श्रेष्ठतर कोई वस्तु नहीं है। किन्तु यह भी सत्य है कि समाज में रहकर ही मानव इसका अधिकारी बन सकता है। समाज से वह अपनी शक्तियों के विकास के लिए सामग्री पाता है, समाज में ही अपनी शक्तियों का प्रयोग करके उनको विकसित करता है और समाज को ही अपना सर्वस्व देकर पूर्ण कृतकृत्य होता है।

ग्रामलक्ष्मी की उपासना

बिनोबा भावे

हमारा यह देश बहुत बड़ा है। इसमें सात लाख देहात हैं। हमारे देश में शहर बहुत थोड़े हैं। अगर औसत निकाला जाए, तो दस में से एक आदमी शहर में रहता है और नौ देहात में रहते हैं। पैंतीस करोड़ लोगों में से ज्यादा से ज्यादा चार करोड़ शहरों में रहते हैं, इकतीस करोड़ देहात में रहते हैं। लेकिन इन इकतीस करोड़ का ध्यान शहरों की तरफ लगा रहता है। पहले ऐसा नहीं था, देहात मुहताज होकर शहरों का मुँह नहीं ताकते थे। लेकिन आज सारी स्थिति बदल गई है।

आज किसान के दो ईश्वर हो गए हैं। आज तक एक ही ईश्वर था। किसान आकाश की तरफ देखता था। पानी बरसाने वाले ईश्वर की तरफ देखता था। लेकिन आज चीजों के भाव ठहरानेवाले देवता की तरफ देखना पड़ता है। इसी को आस्मानी-सुल्तानी कहते हैं। आस्मान भी रक्षा करे और सुल्तान भी हिफाजत करे। परमात्मा खूब फसल दे और शहर भरपूर भाव दे। इस तरह इन देवताओं को—एक आकाश का और दूसरा अमेरिका का—किसान को पूजना पड़ता है। लेकिन ऐसे दो-दो भगवान काम नहीं आएँगे। गाँधी कहते हैं ऊपरवाले ईश्वर को बनाए रक्खो और इस दूसरे देवता को छोड़ो। एक ईश्वर बस है।

अब इस दूसरे देवता की, यानि शहरिए भगवान की, भक्ति से छुटकारा पाने का उपाय मैं तुम लोगों को बतलाता हूँ। हमारे गाँवों की सारी लक्ष्मी यहाँ से उठकर शहरों में चली जाती है। अपने पीहर से चल बसती है। इस ग्रामलक्ष्मी के पैर गाँव में नहीं ठहरते। वह शहर की तरफ दौड़ती है। पहाड़ पर पानी भरपूर बरसता है; लेकिन वह वहाँ कब ठहरता है; वह चारों तरफ भाग निकलता है। पहाड़ बेचारा कोरा-का-कोरा, नंग-धड़ंग, गंजा-बूचा, खड़ा-का-खड़ा, रह जाता है। देहात की लक्ष्मी इसी तरह चारों दिशाओं में भाग खड़ी होती है। शहरों की तरफ बेतहाशा दौड़ती है। अगर हम उसे रोक सकें तो हमारे गाँव सुखी होंगे।

यह देहाती लक्ष्मी कौन-कौन-से रास्तों से भागती है, सो देखो। उन रास्तों को बन्द कर दो; तब वह रुकी रहेगी। उसके भागने का पहला रास्ता बाजार है, दूसरा शादी-ब्याह, तीसरा साहूकार, चौथा सरकार और पाँचवाँ व्यसन। इन पाँचों

रास्तों को बन्द करना शुरू करें।

सबसे पहले ब्याह-शादी की बात लीजिए। तुम लोग ब्याह-शादी में कोई कम पैसा खर्च नहीं करते। उसके लिए कर्ज भी करते हो। लड़की बड़ी हो जाती है, अपने ससुराल में जाकर गिरस्ती करने लगती है। लेकिन शादी के ऋण से उसके माँ-बाप मुक्त नहीं होते। यह रास्ता कैसे गूंदा जाए, सो बताता हूँ। तुम कहोगे, 'खर्च में कतरब्योंत करो। भोज न दो, समारोह की क्या जरूरत है?'—वगैरा-वगैरा। यह ठीक नहीं। समारोह खूब करो। ठाठबाट में कमी नहीं होनी चाहिए। लेकिन मैं अपनी पद्धति से कम खर्च में पहले से भी ज्यादा ठाट-बाट तुम्हें देता हूँ।

लड़के-लड़की की शादी माँ-बाप ठीक करें। लेकिन वहाँ उनका काम खत्म हो जाना चाहिए—शादी करना, समारोह करना, यह सारा काम गाँव का होगा। माँ-बाप शादी में एक पाई भी खर्च नहीं करेंगे। जो करेंगे उनको जुर्माना होगा ऐसा कायदा गाँववालों को बना लेना चाहिए।

मान लीजिए मेरे यहाँ शादी है। गाँव के हरेक आदमी को दो-दो, चार-चार आने—जो कुछ तय हुआ हो—मेरे पास लाकर देने चाहिए। मानो सबने मिलकर मुझे भेंट दी। उसमें से मैं सारे गाँव का नेवता कर सकूँगा। बगैर पैसा इकट्ठा किए और बगैर कर्ज़ किए शादी हो जाएगी। गांव में हर साल बीस पच्चीस या पचास शादियाँ होती होंगी। तो मुझे दो आने के हिसाब से, पचास दूने सौ आने, याने मोटे तौर पर छः रुपए देने पड़ेंगे। हर एक जाति की शादियाँ की जाएं, तो इससे भी कम खर्च लगेगा। मेरे यहाँ दस साल में शादी का मौका आया। मुझे हर साल दो-तीन रुपए के हिसाब से दस वर्षों में तीस रुपए देने पड़े, अब मेरे यहाँ शादी का मौका आया। मुझे कोई खर्च नहीं आएगा। मुझे लोग भेंट देंगे। सब गाँववाले जमा होंगे। बड़ा भारी समारोह होगा। और खर्च कितना आएगा? दस वर्षों में तीस रुपए मैंने दिए हैं, वही। याने मेरे यहाँ की शादी तीस रुपए में हो गई और उसमें सारा गाँव, सारी जाति शामिल हुई। सभी भोज में सम्मिलित हुए। लड़के-लड़की को कितनी खुशी होगी? दुल्हे-दुलहिन को सबके आशीर्वाद मिलेंगे। सबके आशीर्वाद पाने से और बड़ी खुश-किस्मती कौन-सी हो सकती है? शादी में लोगों को क्यों बुलाया जाता है? इसीलिए कि सबकी सदिच्छा, सबके आशीर्वाद मिलें। इन लड़के-लडकी की गिरस्ती के लिए सब अपनी शुभ-कामनाएँ और आशा व्यक्त करें। लड़के सिर्फ माँ-बाप के ही नहीं होते। वे सारे समाज के होते हैं। लड़के कोई अच्छा काम करेंगे, तो सारे गाँव का भला होगा, बुरा काम करेंगे तो सारे गाँव की बुराई होगी।

अगर कोई अपने पैसे से शादी करे, तो वह पाप मानो। गाँववाले उसे अपना अपमान समझें। लड़के जितने अपने माँ-बाप के हैं, उतने ही समाज के भी हैं। माँ-बाप के मर जाने पर क्या वे घूरे पर फेंक दिए जाते हैं। गाँव उन्हें संभालता

है, मदद करता है। शादी भी करेगा। आप इस रास्ते से जाकर देखिए। प्रयोग कीजिए। साहूकार का ऋण कम होता है या नहीं, देखिए। आपका कर्ज घटेगा। झगड़े कम होंगे। सहयोग और आत्मीयता बढ़ेगी।

दूसरा रास्ता बाजार का है। तुम देहाती लोग कपास बोते हो। लेकिन सारा-का-सारा बेच देते हो। फिर बुवाई के वक्त विनौले शहर से मोल लाते हो। कपास यहाँ पैदा करते हो। उसे बाहर बेचकर बाहर से कपड़ा खरीद लाते हो। गन्ना यहाँ पैदा करते हो। उसे बेचकर शक्कर बाहर से लाते हो। गाँव में मूंगफली, तिल्ली और अलसी होती है। लेकिन तेल शहर की तेल-मिल से लाते हो। अब इतना ही बाकी रह गया है कि यहाँ से अनाज भेजकर रोटियाँ बम्बई से मंगाओ। तुम्हें तो बैल भी बाहर से लाने पड़ते हैं। इस तरह सारी चीजें बाहर से लाओगे तो कैसे पार पाओगे?

बाजार में क्यों जाना पड़ता है? जिन चीजों की जरूरत होती है, उन्हें भरसक गाँव में ही बनाने का निश्चय करो। स्वराज्य माने स्वदेश का राज्य, अपने गाँव का राज्य। घर जाने पर तुम लोग सोचो कि अपने गाँव में क्या-क्या बना सकते हो। देखो, तुम्हें कौन-कौन-सी चीजें चाहिए। तुम्हारी खेती के लिए बढ़िया बैल चाहिए। उन्हें मोल कहाँ तक लोगे? तुम्हें बढ़िया बैल यहीं गाँव में पैदा करने चाहिए। गायों का अच्छी तरह पालन करो। एक-दो बढ़िया सांड उनमें रखो। बाकी के सबको बधिया करो। इससे गायों की नस्ल सुधरेगी। अच्छे बैल मिलेंगे। बैलों के लिए बागडोर, नथनी वगैरा चाहिए। गाँव में सन, पटुआ वगैरा से यहीं बना लो। तुम्हें कपड़े की जरूरत है, उसे भी यहीं बनाना चाहिए। गाँव में बुनकर न हो तो दो लड़कों को सिखा लाओ। हर एक को अपने घर में कातना चाहिए। उतना समय जरूर मिल जाएगा। मूंगफली गाँव में होती है। यहीं घानी शुरू करो, तो यहीं ताजा तेल मिलेगा। गन्ना गाँव में होता है। उसका गुड़ बनाओ। शक्कर की बिल्कुल जरूरत नहीं है। गुड़ गरम होता है, लेकिन पानी में मिलाने से ठंडा हो जाता है। गुड़ में स्वास्थ्य के लिए पोषक द्रव्य है। गुड़ बनाओ। खोई जलाने के काम आएगी। गाँव के चमार से जूते बनवाओ। इस तरह गाँव में ही सारी चीजें बननी चाहिए। पुराने जमाने में हमारे गाँव ऐसे स्वावलम्बी थे। उन्हें सच्चा स्वराज्य प्राप्त था।

गाँव का ही अनाज, गाँव का ही कपड़ा, गाँव का ही गुड़, गाँव का ही तेल, गाँव के ही जूते, गाँव के ही डोर, गाँव के ही बैल, गाँव का ही घर का पिसा हुआ आटा—इस रवैये को अपनाओ। फिर देखो तुम्हारे गाँव कैसे लहलहाते हैं। तुम कहोगे यह मंहगा पड़ेगा। यह केवल कल्पना है। मैं एक उदाहरण से समझाता हूँ। मान लो, तुम्हारे गाँव में एक रंगरेज है, एक बुनकर है, एक तेली है, एक चमार है। आज चमार क्या करता है, वह कहता है 'मैं तेली से तेल नहीं लूँगा; वह मंहगा

पड़ता है।' तेली क्या कहता है? 'गाँव के चमार का बनाया हुआ जूता मंहगा है। मैं शहर में जूता खरीदूँगा।' बुनकर कहता है, 'मैं गाँव का सूत नहीं लूँगा। पुतली घर का अच्छा होता है।' किसान कहता है, 'मैं बुनकर का कपड़ा नहीं लूंगा। मिल का लूँगा। वह सस्ता होता है।' इस तरह आज हमने एक-दूसरे को मारने का धन्धा शुरू किया है। एक-दूसरे को निबाह लेना धर्म है। उसे छोड़कर हम एक-दूसरे को मटियामेट कर रहे हैं।

लेकिन जरा मजा देखिए। तेली चार आने ज्यादा देकर चमार से मंहगा जूता खरीदता है। उसकी जेब से आज चार आने गए। आगे चलकर वह चमार तेली से चार आने ज्यादा देकर मंहगा तेल खरीदता है। याने उसके चार आने लौट आते हैं। अर्थात वह मंहगा नहीं पड़ता। जहाँ पारस्परिक व्यवहार होता है वहाँ 'मंहगा' जैसा कोई शब्द ही नहीं है। गए हुए पैसे दूसरे रास्ते से लौट आते हैं। मैं उसकी मंहगी चीज खरीदता हूँ, वह मेरी मंहगी चीज खरीदता है। हिसाब बराबर। इसमें क्या बिगड़ता है? जुलाहे ने खादी बनाई और तेली ने वह खरीद ली। तेली के लिए खादी मंहगी है, जुलाहे के लिए तेल मंहगा है। बात एक ही है। तेल में जो पैसे गए वे खादी में वापस मिले और खादी में गए सो तेल में मिल गए। 'इस हाथ देना उस हाथ लेना' इस तरह का भाईचारे का, सहयोग का व्यवहार पहले होता था। लेकिन वह आज लोप हो गया है।

देहात में प्रेम होता है, भाईचारा होता है। देहात के लोग अगर एक-दूसरे की जरूरतों का खयाल नहीं करेंगे तो वह देहात ही नहीं है। वह तो शहर के जैसा हो जाएगा। शहर में कोई किसी को नहीं पूछता। सभी अपने-अपने मतलब के लिए वहाँ इकट्ठे होते हैं; जैसे गोबर का ढेर देखकर सैकड़ों कीड़े जमा होते हैं। उस सड़नेवाले गोबर में सैकड़ों कीड़े कुलबुलाते हैं। वे कीड़े वहाँ क्यों इकट्ठे हुए? किसी कीड़े से पूछो, 'यहाँ क्यों आया? तेरे कोई भाई-बहन यहाँ हैं।' वह कीड़ा कहेगा, 'मैं गोबर खाने के लिए यहाँ आया हूँ और गोबर खाने में चूर हूँ। मुझे ज्यादा बोलने की फुरसत नहीं है।' कलाकन्द, गुड़ आदि पर मक्खियाँ बैठती हैं, सो क्या प्रेम के कारण? उसी तरह से शहर में मक्खियों के समान जो आदमी भिनभिनाते रहते हैं, चीटियों की नाईं जिनका तांता लगा रहता है, वह क्या प्रेम के लिए? शहर में स्वार्थ और लोभ है। गाँव प्रेम से बनता है। गाँव में आग लग जाए, तो सब लोग अपना-अपना काम छोड़कर दौड़ आएँगे। घर में कोई बैठा ही थोड़े रहेगा? लेकिन बम्बई में क्या दशा होगी? सभी कहेंगे 'पानी का बंबा जाएगा, मुझे अपना काम है।' इसलिए एक कवि ने कहा है, "गाँवों को ईश्वर बनाता है और शहरों को मनुष्य।"

हमारे बाप-दादा गाँवों में रहते थे। आज तो हर कोई शहर में जाता है। वहाँ क्या धरा है? पीले पत्थर हैं और धूल है। यथार्थ लक्ष्मी देहात में है। पेड़ों में फल

लगते हैं। खेतों में गेहूँ होता है, गन्ना होता है। यही सच्ची लक्ष्मी है। यह सच्ची लक्ष्मी बेचकर सफेद या पीले पत्थर मत लो। तुम शहर जाकर वहाँ से सस्ती चीजें लाते हो। लेकिन सभी ऐसा करने लगें, तो देहात वीरान दिखाई देंगे। अगर देहातों को सुखी देखना है, तो शहर के बाजार को छोड़ो। गाँव की चीजें खरीदो। जो चीज गाँव में बन ही न सकती हो वह अलबत्ते बाहर से लाओ। बाहर से लाने में भी, अगर वह दूसरे गाँव में होती हो, तो वहाँ से लाओ। मान लो यहाँ चूड़ियाँ नहीं होतीं, तो सोनगीर से लाओ। यहाँ अच्छे लोटे नहीं बनते, तो सोनगीर से लाओ। यहाँ रंगरेज न हो, तो मालपुर से रंगाकर मंगाओ। मालपुर का रंगरेज तुम्हारे यहाँ से गुड़ लेकर जाएगा; तुम उसके यहाँ से कपड़े रंगवाओ। तुम्हारे गाँव में जो चीजें न बनती हों, उनके लिए दूसरे गाँव खोजो। शहर में कोई चीज खरीदने जाओ तो पहले यह सवाल पूछो कि क्या यह चीज देहात में बनी है?–हाथ की बनी हुई है? पहले उन चीजों को पसन्द करो। जहाँ तक हो सके, यन्त्रों से बना हुआ शहर का माल निषिद्ध मानो।

तुम्हारी ग्राम-पंचायतों को ये काम अपने जिम्मे लेने चाहिए। गाँव के झगड़े-टंटे दूर करने का काम तो पंचायतों का ही है। लेकिन गाँव से कौन-कौन-सी चीजें बाहर जाती हैं, कौन-कौन-सी बाहर से आती हैं, इसका ध्यान भी पंचायत को रखना चाहिए। नाका बनाकर फेहरिस्त बनानी चाहिए। बाद में वे चीजें बाहर से क्यों आती हैं, इसकी जाँच-पड़ताल करके उन्हें गाँव में ही बनवाने की कोशिश करनी चाहिए। बुनकर नहीं है? दूसरे गाँव को दो लड़के सीखने के लिए भेज देंगे। हर एक को यह संकल्प कर लेना चाहिए कि गाँव की ही चीज खरीदूँगा। जो चीज मेरे गाँव में न बनती हो, उसे वहीं बनवाने की कोशिश करूँगा। गाँव के नेताओं को इसकी तरफ ध्यान देना चाहिए। 'कैसे होगा? क्या होगा।' न कहो। उठो; काम शुरू कर दो; चट-से सब हो जाएगा। फिर तुम ही चीजों के दाम ठहराओगे। तेली तेल किस भाव बेचे, चमार जूता कितने में बना दे, बुनकर की बुनाई क्या हो?–सब-कुछ तुम तय करोगे। जब सभी एक-दूसरे की चीजें खरीदने लगेंगे तो सब सस्ता-ही-सस्ता होगा। 'सस्ता' और 'मंहगा' ये शब्द ही नहीं रहेंगे।

बतलाओ, तुम्हारे यहाँ क्या-क्या नहीं हो सकता? एक नमक नहीं हो सकता। ठीक, नमक लाओ बाजार से। दो, मिट्टी का तेल। दरअसल तो मिट्टी के तेल की जरूरत ही नहीं होनी चाहिए। परन्तु उसके बिना काम ही न चलता हो तो खरीदो। तीसरी चीज, मसाले। मिर्च तो यहाँ होती ही है। दरअसल तो मिर्च भी बन्द कर देनी चाहिए। मिर्च की शरीर को जरूरत नहीं है। दियासलाई खरीदनी पड़ेगी। कुछ औजार खरीदने पड़ेंगे। दूसरा कोई चारा नहीं है। ये चीजें खरीदो। मिट्टी का तेल धीरे-धीरे कम करो। उसके बदले अंडी का तेल काम में लाओ।

परन्तु इसके सिवा सारी चीजें गाँव में ही बनाओ। खादी गाँव में बननी

चाहिए। खादी के कपड़े के लिए सूत के बटन भी यहीं बन सकते हैं। उन दूसरे बटनों की क्या जरूरत है? अगर छाती पर वे बटन न हों तो क्या प्राण छटपटाएँगे? ऐसी बात नहीं है। तो फिर उन्हें फेंक दो। इस कंठी की क्या जरूरत है? इसके बिना चल नहीं सकता? ऐसी अनावश्यक चीजें गाँव में लाओगे तो ये कंठियाँ पैरों की जंजीर की तरह जकड़ेंगी या फाँसी की रस्सी की तरह गला घोंट देंगी। बाहर से ऐसी कंठियाँ लाकर अपने शरीर को मत सजाओ। भगवान् श्रीकृष्ण कैसे सजता था? वह क्या बाहर से कंठियाँ लाता था? वृन्दावन में जो मोरों के पंख गिर जाते थे, उन्हीं से वह अपना शरीर सजाता था। पंख उखाड़कर नहीं लाता था। वह मोर के पंख से सजता था। सो क्या वह सिड़ी हो गया था? क्या पागल हो गया था? 'मेरे गाँव के मोर हैं, उनके पंखों से मैं अपने शरीर को सजाऊँ तो कोई हर्ज नहीं है। इसमें उन मोरों की भी पूजा है'–ऐसी भावना से वह मोर मुकुट लगाता था। और गले में क्या पहनता था? वनमाला। मेरी यमुना के तीर के फूल–वे सबको मिलते हैं। गरीबों को मिलते हैं, अमीरों को मिलते हैं। वह स्वदेशी वनमाला–देहात की वनमाला–गले में पहनता था। और बजाता क्या था? मुरली। देहात के बाँस की बाँसुरी–वह अलगोजा। यही उसका वाद्य था।

हमारे एक मित्र जर्मनी गए थे। वह वहाँ का एक प्रसंग सुनाते थे। हम सब विद्यार्थी इकट्ठे हुए थे। फ्रांसीसी, जर्मन, अंग्रेज, जापानी, रूसी, सब एक साथ बैठे थे। सबने अपने-अपने देश के राष्ट्रीय वाद्य बजाकर दिखाए। फ्रांसीसियों ने वायोलिन बजाया, अंग्रेजों ने अपना वाद्य बजाया। मुझसे कहा गया, "तुम हिन्दुस्तानी वाद्य सुनाओ।" मैं चुपचाप बैठा रहा। वे मुझसे पूछने लगे, "तुम्हारा भारतीय वाद्य कौन-सा है?" मैं उन्हें बता नहीं सका।

मैंने तुरन्त अपने उस मित्र से कहा, "अजी, हमारा राष्ट्रीय वाद्य बांसुरी है। लाखों गाँवों में वह पाई जाती है। सीधी-सादी और मीठी। कृष्ण भगवान ने उसे पुनीत किया है। एक बाँस की नली ले ली, उसमें छेद बना लिए, बस वाद्य तैयार हो गया।"

ऐसा वाद्य श्रीकृष्ण बजाता था। वह गोकुल का स्वदेशी देहाती वाद्य था। अच्छा, श्रीकृष्ण खाता क्या था? बाहर की चीनी लाकर खाता था? वह अपने गोकुल की मक्खन, मलाई खाता था। दूसरों को भी वही खाना सिखाता था। ग्वालिनें गोकुल की यह लक्ष्मी मथुरा को ले जाती थीं। परन्तु गाँव की इस अन्नपूर्णा को कन्हैया बाहर नहीं जाने देता था। वह उसे लूटकर सबको बाँट देता था। सारे गोकुल के बालक उसने हृष्ट-पुष्ट किए। जिन्होंने गोकुल पर चढ़ाई की, उनके दाँत उसने अपने मित्रों की मदद से खट्टे किए। गोकुल में रहकर भी वह क्या करता था? गायें चराता था। उसने दावानल निगल लिया, याने क्या किया? देहातों को जलानेवाले लड़ाई-झगड़ों का खातमा किया। सब लड़कों को इकट्ठा किया। प्रेम

बढ़ाया। इस तरह यह श्रीकृष्ण गोपालकृष्ण है। वह तुम्हारे गाँव का आदर्श है। गोपालकृष्ण ने गाँवों का वैभव बढ़ाया, गाँवों की सेवा की, गाँवों पर प्रेम किया, गाँवों के पशु-पक्षी, गाँव की नदी, गाँव का गोवर्धन पर्वत—इन सब पर उसने प्रेम किया। गाँव ही उसका देवता रहा। आगे चलकर वह द्वारिकाधीश बने। लेकिन फिर भी गोकुल में आते थे, फिर गाय चराते थे, गोबर में हाथ डालते थे, गोशाला बुहारते थे, वनमाला पहनते थे, बंसी बजाते थे, लड़कों के साथ, गोपवालों के साथ खेलते थे। 'ब्रजकिशोर' उनका प्यारा नाम था। 'गोपाल' उनका प्यारा नाम था। उन्होंने गोकुल में असीम आनन्द और सुख पैदा किया।

गोकुल का सुख असीम था। ऐसे गोकुल के अन्न के चार कणों के लिए देवता तरसते थे। प्रेममस्त गोपालबाल जब भोजन करके दही और 'गोपाल' कलेवा खाकर यमुना के जल में हाथ धोने जाते थे, तब देवता मछली बनकर वे जूठे अन्नकण खाते थे। उनके स्वर्ग में वह प्रेम था क्या? उन देवताओं को पैसे की कमी नहीं थी। लेकिन उनके पास प्रेम नहीं था। हमारे शहर आपके स्वर्ग हैं न? अरे भाई, वहाँ प्रेम नहीं है। वहाँ भोग हैं, पैसे हैं, परन्तु आनन्द नहीं है। अपने गाँवों को गोकुल के समान बनाओ। तब वे नगर के नगरसेठ तुम्हारे गाँव की नमक रोटी के लिए लालायित होकर दौड़ते आएँगे। हमें देहातों को हरा-भरा गोकुल बनाना है—स्वाश्रयी, स्वावलम्बी, आरोग्य-सम्पन्न, उद्योगशील, प्रेमल। ईख का कोल्हू चल रहा है, चरखा चल रहा हे, धुनिया धुन रहा है, तेल का कोल्हू चूं-चर्र बोल रहा है, कुँए पर मोट चल रही है, चमार जूता बना रहा है, गोपाल गायें चरा रहा है और बंशी बजा रहा है—ऐसा गाँव बनने दो। अपनी गलती से हमने गाँवों को मरघट बनाया। आइए अब फिर उसको गोकुल बनाएँ।

कागज एरंडोल का खरीदो। दन्त मंजन राख का बनाओ। ब्रश दतौन के बनाओ। विदेशी कागज की झंडियाँ और पताकाएँ हमें नहीं चाहिए। अपने गाँव के पेड़ों के पल्लव—ग्राम-पल्लव—लो। उनके तोरण और बंदनवार बनाओ। गाँव के पेड़ों का अपमान क्यों करते हो? बाहर से चीजें लाकर बंदनवार लगाओगे तो गाँव के दरख्त रूठेंगे। वे समारोह में हाथ बंटाना चाहते हैं। उनके कोंपल लाओ। हमारे धार्मिक मंगल उत्सवों के लिए क्या कागज के तोरण विहित हैं? आम के शुभ पल्लव चाहिए और घड़ा चाहिए। कलश चाहिए। सो क्या टिनपॉट का होगा? वह पवित्र कलश मिट्टी का ही चाहिए। तुम्हारे गाँव के कुम्हार का बनाया हुआ चाहिए। देखो हमारे पूर्वजों ने गाँव के चीजों की कैसी महिमा बढ़ाई है। उस दृष्टि को अपनाओ। सारा नूर पलट जाएगा। इधर-उधर दूसरी ही दुनिया दिखाई देने लगेगी। समृद्धि और आनन्द दिखाई देने लगेगा।

हमने ब्याह-शादी की बात का विचार किया। बाजार के सवाल का विचार किया। अब, पहले व्यसनों की बात लेता हूँ। अपने वश की बातें पहले ले लें।

बाद में सरकार और साहूकार की बात सोच लेंगे।

कोई दिन भर फू-फू बीड़ी फूँकते रहते हैं। कहते हैं, 'बीड़ियाँ तो घर की ही हैं। वे बाहर से नहीं आतीं।' अरे भाई, जहर अगर घर का हो तो क्या खा लोगे? घर का जहर खाकर पूरी सोलह आने स्वदेशी मृत्यु को स्वीकार करोगे? जहर चाहे घर का हो या बाहर का, त्याज्य ही है। उसी तरह सभी व्यसन बुरे हैं। उन सबको छोड़ना चाहिए। वे प्राणघातक हैं। शराब के बारे में कहोगे; तो पहले महाराष्ट्र में शराब नहीं थी। महाराष्ट्र का पहला गवर्नर एलफिंस्टन साहब था। उसने महाराष्ट्र का इतिहास लिखा है। उसमें वह कहता है–"पेशवों के राज में शराब से आमदनी नहीं थी। लेकिन आज तो गाँव-गाँव में पियक्कड़ हैं; सरकार उलटे उन्हें सुविधा कर देती है। लेकिन सरकार सुविधा कर देती है, इसलिए क्या हम शराब पीयें? हिन्दुस्तान में दो मुख्य धर्म हैं–हिन्दू-धर्म और इस्लाम। इन दोनों धर्मों में शराब पीना महान पाप माना गया है। इस्लाम में शराब हराम है। हिन्दू धर्म में शराब की गिनती पंच महापातकों में होती है। शराब पीकर आखिर हम क्या साधते हैं? प्राणों का, कुटुम्ब का, धन का और इन सबसे प्रिय धर्म का–सभी चीजों का नाश होता है।

बीड़ी और शराब के बाद तीसरा व्यसन है बात-बात में तकरार करना। कृष्ण झगड़ों के दावानल निगल लिए। तकरार मत करो; और अगर झगड़ा हो ही जाए तो गाँव के चार भले आदमी बैठकर उसका तस्फिया करो। अदालत की शरण न लो। अदालतें तुम्हारे गाँव में ही होनी चाहिए। जिस प्रकार और चीजें गाँव की ही हों, उसी प्रकार न्याय भी गाँव का ही हो। तुम्हारे खेतों में सब कुछ पैदा होता है, लेकिन न्याय तुम्हारे गाँव में न पैदा होता हो तो कैसे काम चलेगा? गाँव का धान्य, गाँव का वस्त्र और गाँव का ही न्याय हो। बाहर की कचहरी अदालतें किस काम की? चीजों के लिए जिस तरह हम पराबलम्बी न होंगे, उसी तरह न्याय के लिए भी नहीं होंगे। प्रेम से रहो। दूसरे को थोड़ा-बहुत अधिक मिल जाए, तो भी वह गाँव में ही रहेगा, लेकिन दूर चला जाने पर, न हमें मिलेगा, न तुम्हें मिलेगा, सारा भाड़ में जाएगा। गाँव में ही पंचों में परमेश्वर है। उसकी शरण लो।

भोजन वगैरा दीगर बातों की ऊहापोह यहाँ नहीं करता। जीवन निर्मल और विचारमय बनाओ। हरएक काम विवेक-विचार से करो।

चौथी बात साहूकार की है। तुम ही अपने घर कपास लोढ़कर बीज के लायक बिनौले संभालकर रख लोगे, घर में ही कपड़ा बना लोगे, मूंगफली, अलसी घर में रखकर गाँव के कोल्हू से तेल निकलवा लोगे, अदालत-इजलास में जाना बन्द कर दोगे, गाँव ही में सारे झगड़े तय कर लोगे और मेरे बतलाए ढंग से ब्याह-शादियाँ करोगे तो साहूकार की जरूरत बहुत कम पड़ेगी। लेकिन तिस पर भी सभी लोग साहूकार के पाश से छुटकारा नहीं पाएँगे। कर्जदार फिर भी रहेंगे; लेकिन उनकी

तादाद कम हो जाएगी।

तुम्हारी कर्जदारी का सवाल स्वराज्य के बिना पूरी तरह हल नहीं होगा। स्वराज्य में सबके हिसाब जाँचे जाएँगे। जिस साहूकार को मूलधन के बराबर ब्याज मिल चुका होगा, उसका कर्ज अदा हो चुका, ऐसा घोषित किया जाएगा। जिस साहूकार का मूलधन भी न मिला होगा, सूद के रूप में भी न मिला हो, उससे समझौता करेंगे। इसी तरह के उपाए से वह सवाल हल करना होगा। तटस्थ पंच मुकर्रर करके तहकीकात के बाद जो उचित होगा, किया जाएगा। तब तक आज के बतलाए उपायों से काम लेना चाहिए और धीरे-धीरे साहूकार से दूर रहने की कोशिश करनी चाहिए। परन्तु कर्ज चुकाने के फेर में बाल-बच्चों की उपेक्षा न करो। बच्चों को दूध-घी दो। भरपूर भोजन दो। लड़के सारे समाज के हैं। मैं अपने साहूकार से कहूँगा, "मैं अपने बच्चों को थोड़ा दूध दूँ? उन्हें दूध की जरूरत है।" बच्चे जितने मेरे हैं, उतने ही साहूकार के भी हैं। वे सारे देश के हैं। लड़कों को देने में तुम साहूकार को ही देते हो। इसलिए पहले भरपेट खाओ, बाल-बच्चों को खिलाओ। घर की जरूरतें पूरी होने पर कुछ बकाया रहे, तो जाकर दे दो। कर्ज तो देना ही है। खा-पीकर देना है। भोग-विलास के बाद नहीं। 'कुछ बचा तो ला दूँगा'—साहूकार से कह दो।

इस तरह चार बातें बतलाईं, गाँव की लक्ष्मी के बाहर जाने के चार दरवाजे बताए और उन्हें बन्द करने के उपायों की दिशा भी बताई। अब पाँचवीं बात सरकार है। यह सरकार कैसे बन्द की जाए? तुम अपनी चीजें बनाने लगो, अपने गाँव में बनाने लगो, तो सरकार अपने-आप सीधी हो जाएगी। सरकार यहाँ क्यों रहती है? विलायत का माल आसानी से तुम बेवकूफों के हाथ बिक सकता है, इसलिए। कल बुद्धिमान बनकर अगर अपने गाँव स्वावलम्बी बनाओगे, तो सरकार अपने-आप नरम हो जाएगी। जिस चीज की जरूरत हो उसे गाँव में ही बनाओ। जो इस गाँव में न बन सके उसे दूसरे गाँव से लाओ। शहर के कारखानों का बहिष्कार करो। विदेशी चीजों की तो बात ही कौन पूछता है? विदेशी और स्वदेशी कारखानों को तुम अपने गाँव से जो खाद्य पहुँचाते हो, उसे बन्द करो। आपस में एकता करो। लड़ना-झगड़ना छोड़ दो। अगर लड़ो भी तो गाँव में ही फैसला कर लो। कचहरी-अदालत का मुँह न देखने का संकल्प करो। गाँव की ही चीजें, गाँव का ही न्याय। अगर ऐसा करोगे तो एक पंथ दो काज होंगे। दरिद्रता का कष्ट दूर होगा और सरकार अन्तर्धान हो जाएगी। तुम इस तरह स्वावलम्बी, निर्व्यसनी, उद्यमी और हिल-मिलकर रहनेवाले बनो; तब सरकार तुम्हारे हक दिए बिना रह ही नहीं सकती। तुम्हारी इतनी ताकत बढ़ने पर भी अगर सरकार तुम्हारे हक न देगी, तो फिर सत्याग्रह तो है ही। उस हालत में जो सत्याग्रह होगा, वह ऐसा पचास-साठ हजार का टुटपुंजिया सत्याग्रह न होगा। उसमें तो पचास-साठ लाख लोग शरीक होंगे।

तुम लगान के रूप में दस हजार रुपया देते हो। लेकिन कपड़ों के लिए पच्चीस हजार देते हो। अब, मान लो कि यह सरकार यहाँ से जल्दी नहीं टलती। उसका लगान कम नहीं होता। स्वराज्य मिलने पर कम करेंगे। लेकिन वह पराक्रम जब होगा तब होगा। फिर भी अगर कपड़ा गाँव में ही बनाने का संकल्प कर लें, तो क्या होगा? हर एक को तीन सेर रुई की जरूरत होगी। हर कुटुम्ब में अगर पाँच आदमी हों, तो पन्द्रह सेर रुई हुई। बोने के लिए जितने बिनौलों की जरूरत हो, उतनी बढ़िया कपास खेत से बीनकर घर पर ही लोढ़ो। बढ़िया बिनौले मिलेंगे। जो रुई होगी उसमें से अपने परिवार के कपड़ों के लिए आवश्यकतानुसार रख लो और बाकी को बेच दो। फी आदमी पक्की तीन सेर रुई के दाम सवा रुपया होंगे। बत्तीस आदमियों को चार-पाँच हजार की रुई रखनी होगी। कपड़ा पच्चीस हजार का होगा। उसमें से पांच हजार घटा दीजिए, तो बीस हजार गाँव में रहेंगे। सरकार लगान के दस हजार ले जाएगी। लेकिन तुम बीस हजार बचाओगे। इसलिए गाँधी जी कहते हैं कि खादी ही स्वराज्य है। अकेले खादी की बदौलत बीस हजार रुपए गाँव में रह गए। कल स्वराज्य मिल जाए तो क्या होगा? लगान आधा, याने दस हजार का पाँच हजार, हो जाएगा। याने तुम्हारे पाँच हजार रुपए बचेंगे। लेकिन खादी बरतने से बीस हजार बचेंगे। इसलिए वास्तविक स्वराज्य किस वस्तु में है वह जानो।

पहले दूसरे कई राज्य हुए तो भी देहात का यह वास्तविक स्वराज्य कभी नष्ट नहीं हुआ था। इसीलिए हमें रोटियों के लाले नहीं पड़े। परन्तु इस राज्य में यह खादी का स्वराज्य, देहाती उद्योग-धन्धों का स्वराज्य, नष्ट हो गया है। इसीलिए देहात वीरान और डरावने दिखाई देने लगे। इंग्लैण्ड का मुख्य आधार कर या किसान नहीं है, बल्कि करोड़ों रुपयों का व्यापार है। लगान के रूप में उसे दस हजार ही मिलेंगे। लेकिन तुम्हें कपड़ा बेचकर वह बीस हजार ले जाएगा। शक्कर, घासलेट वगैरह सैकड़ों ऐसी ही चीजें हैं। इसलिए वास्तविक स्वराज्य को पहचानो। हम सरकार को अपने पराक्रम से कब निकाल सकेंगे, सो देखा जाएगा। परन्तु तब तक मेरे बतलाए उपायों से अपने गाँव स्वावलम्बी, उद्यमी, प्रेममय बनाओ। इसी में सब कुछ है।

कसारा (खानदेश) में किया गया भाषण।

भारतीय संस्कृति की कहानी

भगवतशरण उपाध्याय

सदा से आदमी ऐसा नहीं रहा है जैसा वह आज है। जमाना कभी ऐसा न था कि पेड़ों में रोटियाँ फलती हों और आदमी तोड़कर चट खा लेता हो। बल्कि एक दिन था, जब उन सारी चीजों का, जो हमारे चारों ओर दीखती हैं, अभाव था। हर चीज जरूरत से, समय-समय पर आदमी ने बनाई है। जरूरत, सूझ और मेहनत से धीरे-धीरे आज की दुनिया बनी। धीरे ही धीरे इन्सान अपने बनैले, जानवर के से जीवन से दूर आज की दुनिया की ओर हटता आया है। उसकी खोज और ईजाद करनेवाली अक्ल ने उसकी इन्सानी दुनिया बनाई और बसाई है। यही सभ्यता है--बनैले जीवन से इन्सानी जीवन की ओर बढ़ता सामाजिक जीवन का विस्तार।

संस्कृति का सम्बन्ध उसी सामाजिक जीवन से अधिक है। जब आदमियों का एक दल या समाज एक ही रीति से कुछ करता है, एक ही विश्वास रखता है, एक ही प्रकार के आदर्श सामने रखता है, अपने पुरखों के कामों को समान रूप से अपने आदर, गर्व और गौरव की चीज मानता है, तब संस्कृति का जन्म होता है। संस्कृति आदमी के सामाजिक जीवन का प्राण है।

बनैले जीवन से मिले-जुले जीवन की ओर बढ़ना, सभा बनाकर उसमें बैठने की तमीज पैदा करना, सभ्यता है। बाण का इस्तेमाल, खेती का आरम्भ, गोल पहिए की खोज, गाँव में इन्सान का एक साथ मिलकर बसना, सभ्यता की मंजिलें हैं। संस्कृति विचारों की दुनिया है। पूजा, धर्म, दर्शन, राष्ट्र, सामाजिक संगठन उसकी मंजिलें हैं।

आदमी एक-दूसरे से मिलकर सीखता और सिखाता है। इसी तरह एक स्थान पर रहनेवाले दूसरे स्थान के रहनेवालों को सिखाते और उनसे सीखते हैं। इस प्रकार सभी सबसे सीखते और सबको सिखाते हैं। समाज में रहना ही सीखना और सिखाना है। जिस देश में रहनेवालों को दूसरे देश वालों से जितना ही मिलने का मौका पड़ता है, उतनी ही तेजी से वे उनसे सीखते हैं, उन्हें सिखाते हैं।

इस विचार से हमारा देश बड़ा भाग्यवान रहा है; क्योंकि यहाँ बसने या आहार की खोज में लोग बराबर आते रहे हैं, यहाँ वालों में घुल-मिल गए हैं, यहाँ वालों

को सिखाते रहे हैं, यहाँ वालों में घुल-मिलकर उनसे सीखकर उनके हो गए हैं। अपने विचारों-विश्वासों को साथ लेकर आए हैं। अपने विचार यहाँ वालों को दिए हैं। यहाँ के विचारों को अपना लिया है। दोनों के मिलने से तीसरे किस्म के सच्चे विचार चल निकले हैं। एक नई संस्कृति पैदा हो गई है।

किसी चीज पर जब दूसरी चीज का धक्का लगता है तब उसमें गति होती है। वह हिल जाती है, चल पड़ती है। एक देश की सीमा पर दूसरे देश के लोग आ खड़े होते हैं। दोनों एक-दूसरे को घूरते हैं। फिर लड़ पड़ते हैं, एक-दूसरे को हराते हैं या हारते हैं। साथ रहने लगते हैं, घुल-मिल जाते हैं। पहले उनके रहने-सहने के तरीके, धर्म, विचार अलग-अलग थे; भिन्न-भिन्न। अब वे भिन्न-भिन्न नहीं रहे, एक हो गए। आपस में नजदीक, अपने-परायों से मिलते-जुलते पर दूर। संस्कृति ने एक नया कदम लिया, नई मंजिल सर की।

भारत में अनेक जातियाँ बाहर से आईं, यहाँ वालों से लड़ीं, तोड़ा-फोड़ा, बरबाद किया, फिर दोनों मिलकर एक हो गईं। दोनो की मिली-जुली संस्कृति हमारी बपौती हुई, हमारे गर्व और गौरव की चीज। जब-जब नई जातियों से हमारा वैर या प्रेम का सम्बन्ध हुआ, तब-तब हममें नई चेतना आई, नया जीवन आया, हमें नई ताकत मिली। हमारी संस्कृति की कहानी नई जातियों के हमसे मिलने से बनी इसी नई चेतना, नए जीवन, नई ताकत की कहानी है।

2

संस्कृति उतनी ही पुरानी है जितनी सभ्यता। क्योंकि किसी न किसी रूप में विचार का झटका लगता ही रहता है। आदमी आग का इस्तेमाल सीखकर सभ्यता की एक कड़ी जोड़ता है। पर तभी उसकी यह बदलती हुई रुचि कि बगैर रांधे खाना बनैलापन है, संस्कृति की बुनियाद रखती है। सर्दी से बचने के लिए वह जानवरों की खाल या पेड़ों के छाल-पत्ते पहनता है, सभ्यता में एक डग भरता है। पर तभी लाज बचाने के लिए तन को ढकना या अच्छा लगने के लिए खाल को साफ, चिकना करके पहनने की रुचि, संस्कृति की इकाई खड़ी करती है। निहत्था इन्सान पंजों, दाढ़ों, सूँड़ों वाले बड़े-बड़े भयानक जानवरों को मारने के लिए पत्थर घिसकर जो हथियार बनाता है, वह सभ्यता की खोज है। पर वही जब उस हथियार की मूठ पर मनोहर रूप खींच देता है, तब वह संस्कृति सिरजता है। अहेर में सफल होने के लिए गुफा में रहनेवाला बनैला इन्सान गुफा की दीवार पर लकीरों में शिकार की शक्ल बनाकर जब उसे बाण या भाले से मारा जाना दिखाकर टोना-जादू करता है, तब वह सभ्यता का विकास करता है। पर वही जब दीवार पर खिंची लकीरों को रंग देता है, खाली जगह में रंग भर देता है, तब संस्कृति रूप धारण करती

है। आदमी डर से माथा टेक देता है, बर्बर बलि देता है, सभ्यता धर्म की बुनियाद के रूप में आगे बढ़ती है, पर उसी डर के आधार उसे भूलकर जब वह पूजा के धूप-नैवेद्य चढ़ाकर गीत द्वारा देवता को रिझाता है; तब संस्कृति का गौरव बढ़ाता है। चारों ओर की चीजों को देखकर वह चकित होकर पूछता है—ये कहाँ से आईं? इन्हें किसने बनाया? ये फिर कहाँ जाएँगी? तब वह चीजों को जैसे का तैसा छोड़ बनैले मानव की तरह उनका उपयोग नहीं करने लगता, वह तमीज उसकी सभ्यता की बोधक है। पर जब यह सुनकर इन अपने ही सवालों का जवाब देने लगता है, तब वह दर्शन का आरम्भ करता है, जो संस्कृति की जान है।

हमारे देश की सभ्यता और संस्कृति की कहानी बड़ी दिलचस्प है। हजारों-हजारों बरसों पहले हमारे देश में भी और देशों की तरह, आदमी आहार की तलाश में जंगलों में भटकता है। उसका शिकार दूसरे खूनी जानवर करते हैं, वह दूसरे जानवरों का करता है। जान का कोई मोल नहीं है। आज है, कल नहीं। आदमी निहत्था है, प्रकृति ने उसे और जानवरों की तरह न तो सींग दिए हैं, न नाखूनी पंजे, न दाढ़, पर उसे हाथ ऐसे दिए हैं कि उनकी मदद से वह दुश्मनों से अपने बचाव के हथियार बना लेता है—पत्थर, हड्डी आदि के हथियार, जिन्हें वह घिसकर तेज कर लेता है।

पहले उसके पास भाषा नहीं, केवल कुछ आवाजें हैं—प्यार और मित्रता की आवाजें; कोमल, गुस्से और वैर से कठोर। अपने-से निहत्थों की ही उसकी दुनिया है—नर-मादा, बच्चे। ऐसे ही दूसरे नर-मादा और बच्चे। लोग पहले पेड़ों पर रहते हैं, बन्दर की ही तरह तेजी से एक डाली से दूसरी डाली पर उछल जाते हैं। फिर पहाड़ों की गुफाओं में रहने लगते हैं, वैसे नंगे रहते हैं, जाड़ों में मरे शिकार की खाल लपेट लेते हैं। नदी की सतह पर बहती लकड़ी को देखकर उस पर बैठकर बहने लगते हैं, मछली मारकर आहार भी करते हैं। उन्हें एक प्रकार का सालाना कैलेंडर या ऋतुओं का एक के बाद एक कर लौटना भी मालूम है। जंगली आग में जले जानवरों का मांस खाकर सीख लेते हैं कि उन्हें भूनकर खाना ज्यादा स्वादिष्ट है। स्वयं जलाकर आग का इस्तेमाल भी सीख लेते हैं। यह पुराने पत्थर का युग है, जब ताँबा, लोहा वगैरह धातुओं का इस्तेमाल इन्सान को नहीं मालूम था, वह केवल पत्थर का ही इस्तेमाल करता था। ऐसे आदमियों की शिकार करती हुई तस्वीरें मिर्जापुर की गुफाओं में पाई गई हैं।

जमाना बदलता है। आदमी अपने हथियार चिकने और सुन्दर कर लेता है। हैं वे फिर भी पत्थर, हड्डी और हाथीदाँत के ही। पर अब वे पहले से चोखे हैं, अधिक काम के हैं, तेज हैं। उन पर एक प्रकार की पालिश भी है, उसकी मूठ पर लकीरों से तस्वीरें बनी हैं। वह नए पत्थर का युग है। इन युगों के नाम आहार की खोज के जरियों से पड़े हैं। मनुष्य-जाति का इतिहास जिन्दगी की सुन्दर-सुन्दर

बातों के होते हुए भी ज्यादातर आहार के इन्हीं बदलते जरियों का इतिहास है। जैसे-जैसे आहार पैदा करने के जरिए, उसके साधन बदलते जाते हैं, वैसे-वैसे युग भी बदलता जाता है, उसके रहने के तौर-तरीके, समाज, सब बदलते जाते हैं।

पत्थरों के नए युग का आदमी भी कुछ कम जंगली नहीं है। पर आगे वह बहुत बढ़ गया है। उसने अपने रहने-सहने में बड़ा फर्क डाल दिया है। क्रान्ति कर ली है। अब वह अपने आहार के लिए केवल आफत से भरे जानवरों के शिकार ही नहीं करता, घास-पत्ती खानेवाले जानवर गाय, बैल, भेड़, बकरी पालता भी है। उनसे ढोरों की संख्या कम नहीं होती और आहार बराबर मिलता रहता है। अब तनहा नहीं कि इधर-उधर भटकता फिरे। ढोरों को लेकर आना-जाना पहले का-सा आसान नहीं, इससे वह दल के दल बनाकर बहुत काल तक एक ही जगह रहने लगा है। साथ ही उसकी सूझ ने धीरे-धीरे यह भी जान लिया है कि इन्सान अन्न उगा सकता है। आदमी फिर खेती भी करने लगता है; पर अभी वह जमीन गोड़कर बोता है, पीछे हल बनाता है, जिसका फाल पत्थर और हड्डी का है। फसल खड़ी करके वह उसे छोड़ नहीं सकता। बार-बार नया खेत बनाना भी आसान नहीं, इससे वह एक ही जगह और अधिक बसकर रहने लगता है। उसके गाँव बस जाते हैं। इन गाँवों में अनेक कुल हैं, कुलों से कबीले बनते हैं। एक कुल दूसरे कुल से लड़ता है, एक कबीला, दूसरे से, एक गाँव दूसरे से। भीतर शान्ति है, बाहर खतरा। सबकी एक साथ जमीन है, एक साथ चरागाह हैं।

आहार अब केवल शिकार, मछली, जंगली फल और अन्न का ही नहीं, अपने बूते उपजाई फसल का भी है। साथ ही ढोरों से उसे दूध, पनीर आदि भी मिलने लगा है। वह पत्ते बुनकर पेड़ों की छाल और जानवरों की खाल पहनता है। सामान रखने के लिए चगेलियाँ बुनता है। चाक का इस्तेमाल जान गया है, जिससे बर्तन-भांडे भी उतार लेता है। जानवरों पर माल ढोता है, बैलगाड़ी पर भी, क्योंकि वह अब अपने इस ज्ञान का फायदा उठाने लगा है कि गोल पहिया ही चपटी जमीन पर दौड़ सकता है। पशुपालन, खेती और चक्के का इस्तेमाल इस नए आदमी की सबसे बड़ी खोजें हैं। अब वह बहुत फुरसत का आदमी है, जिसके पास खाने से बची कुछ इफरात है, जिसे वह कल के लिए बचाकर रख सकता है। पर तभी चोरों का आरम्भ होता है, फालतू माल की चोरी का। और जिसके पास इफरात है, वह उसे बचाने के लिए अपने जैसों के साथ कुछ नियम बनाता है। आदमी के ये नियम उसके पहले कानून हैं।

सभ्यता की एक मंजिल और भी आगे सरक जाती है। पर अबकी मेहनत और भी जी-तोड़ है। प्रकृति से खासी लड़ाई है, पर आदमी है जो उसे भी सर कर लेता है। खेती दैव पर कायम है। जमीन जोतने-बोने के लिए पानी चाहिए पर मेह का क्या—कभी बरसा, कभी न बरसा, आदमी आसमान का तो मुँह नहीं ताकेगा।

उसने रात के अँधेरे को चिराग से जीता है, वह दिन की यह मुश्किल अक्ल से सर करेगा। बड़े-बड़े गड्ढों में बरसात का पानी रोक वह उससे मेह के अभाव में खेत सींचता है। पर इतने से ही उसे सन्तोष नहीं होता। वह नदी-नालों को बाँधकर उनका जल झील में बदल देता है। आज तक संसार में जितने 'डैम' बन रहे हैं, उनका पहला बनानेवाला वही द्रविड़ सभ्यता का आदमी है। उन झीलों से सिंचाई के लिए वही नहरें निकालता है।

वह तंगी का जीवन नहीं बिताता। नदियों को वह सर कर चुका है। अब वह पृथ्वी की छाती फाड़ उसके रत्न निकाल लेता है—सोना, चाँदी, ताँबा, टीन। वह धातुओं के साथ जीवन पहली बार शुरू करता है। इन धातुओं से ही उसे सन्तोष नहीं होता। उन्हें ढालकर एक दूसरे से मिलाकर नई वस्तुएँ बनाता है। जैसे ताँबा और टीन मिलाकर काँसा। उसके बाद का युग काँसे का युग है।

इस तीसरी मंजिल के आदमी का जीवन बनैलेपन से बहुत दूर है। शायद उसका अपना कुनबा है, बीवी है; जिससे वह शादी करता है। वह उसे दूसरों से बचाता है, उसके लिए मर मिटता है। एक की बीवी दूसरा न उठा ले, इसके लिए कानून बनाता है। पहली बार व्यभिचार यानी दूसरे की बीवी हड़प जाना, पाप कहलाता है। लाखों बरस पहले, औरत मर्द से भी अधिक मजबूत थी। मालिक वह थी, मर्द उसका मुँह ताकता था। अब आदमी उससे मजबूत है, घर का मालिक है।

आदमी अपने घर मिट्टी से बनाता है, उसे फूस से छापकर गीली मिट्टी से लीप देता है। घरों के समूह को गाँव कहता है, गाँव का दुश्मनों से बचाव के लिए उसको दीवार से घेर कर किलेबन्दी करता है। वह कपास उगाता है, रुई का कपड़ा घर पर बनाकर पहनता है। अपने भांडे-बर्तनों को नए पत्थरयुग के आदमियों से भी सुन्दर रंगता है, उन पर सुन्दर चित्र बनाता है।

वह अब सोचता भी है। पौधा कैसे कल छोटा था, आज बड़ा हो गया, विशाल पेड़—कैसे? झरना कलकल बहता है, उसकी बनाई नदी आदमियों-जानवरों को बहा ले जाती है, निगल जाती है—कैसे? तूफान में तड़प क्यों है? साँप फुफकारकर काटता है और आदमी-मवेशी मर जाता है। —कैसे? इन सबमें कुछ न कुछ है। कुछ डरावना, कुछ बलवान। इस तरह वह सोचता है और उन्हें पूजने लगता है—पेड़ को भी, झरने-नदी को भी, साँप को भी और उनको भी जो मर गए। क्योंकि वे कहाँ गए, वह नहीं समझ पाता। समझता है, कहीं हैं। इससे वह उन्हें भी पितर मानकर पूजता है। जो खाता है, उन्हें भी खिलाता है। उन पर जानवर, आदमी तक की बलि चढ़ाता है। इस प्रकार से धर्म का जन्म होता है। आदमी का अचरज से सवाल करना और सोचकर उसका जवाब देना, उन विचारों की बुनियाद डालता है, जिन्हें लोग आज दर्शन कहते हैं। 'दर्शन' माने देखना। आखिर विचार भी तो एक तरह से देखे ही जाते हैं।

इस युग की सभ्यता को विद्वान द्रविड़-सभ्यता कहते हैं। पर द्रविड़ अपने ही देश के थे या बहुत पहले कहीं बाहर से आए थे, कोई नहीं जानता।

3

धीरे-धीरे अपनी सभ्यता उस मंजिल पर पहुँची, जिसे ताँबे या काँसे का युग कहते हैं। इस युग की सभ्यता दक्खिन, पंजाब और सिन्धु में, अधिकतर सिन्धु नदी की घाटी में फैली थी, इसी से इसे सिन्धु घाटी की सभ्यता भी कहते हैं। इस सभ्यता के खंडहर पंजाब के मांटगोमरी जिले के हड़प्पा, और सिन्धु के लरकाना जिले के मोहन-जोदड़ो में मिले हैं। यह सभ्यता आज से करीब पाँच हजार साल पहले जीवित थी।

उन खंडहरों को देखने से पता चलता है कि सभ्यता नागरिक थी। उसका जीवन शहरी था और शहर खास किस्म से बने थे। एक-दूसरे को काटती हुई सड़कों पर खड़े, आग और धूप में पकाई ईंटों के बने अधिकतर दोमंजिले मकान थे। उनमें रहने-नहाने के कमरे थे, छतें थीं, कुएँ थे, पानी बहने के लिए नालियाँ थीं, कूड़ा फेंकने का इन्तजाम था। नगर में रहनेवालों के नहाने के लिए बड़े-बड़े तालाब थे, जिन्हें कुएँ के पानी से नल द्वारा भरा और खाली कर दिया जाता था।

लोगों का रहन-सहन सादा था। खेती उनकी खास जीविका थी, वैसे दूर-दूर तक उनका रोजगार फैला था। वे पत्थर के साथ ही धातुओं का इस्तेमाल करते थे, खासकर ताँबे और काँसे का। उन्हीं के उनके हथियार भी थे। सोने, चाँदी, पीतल, हाथीदाँत, मिट्टी आदि के जेवर। घर में ही सूत बनता था और करघे पर सूत से कपड़ा बुन लिया जाता था—खादी की किस्म का कपड़ा। वैसे ऊन का इस्तेमाल भी होता था। अनाज के अलावा लोग माँस भी खाते थे। घोड़ों और कुत्तों को छोड़ हाथी, ऊँट, भेड़, बकरी, गाय, बैल आदि सभी का माँस खाते थे। रथ में साँड ही जुतते थे। व्यापार में बाँट का इस्तेमाल खूब होता था, हजारों बाँट वहाँ के खंडहरों में मिले हैं।

एक मुहर पर सींगवाले देवता की मूर्ति पशुओं के बीच बैठी खुदी मिली है, जिससे पता चलता है कि शिव की पूजा किसी न किसी रूप में होती थी, क्योंकि 'पशुपति' शिव का ही एक रूप माना जाता है। शायद शिवलिंग की भी पूजा होती थी और देवी की मूरतों की भी। एक मूरत ध्यान लगाए लोगों की भी मिली है। जिससे पता चलता है कि लोग योग जानते थे। अपने मृतकों को कुछ लोग गाड़ते थे, कुछ जलाते थे, कुछ जलाकर उनकी राख गाड़ देते थे।

उस काल में भारत की कला, खासकर मूर्ति बनाने का हुनर, बहुत बढ़ा-चढ़ा था। जो मूरतें मिली हैं, उनसे साबित होता है कि इस युग की दुनिया में सभ्यता लासानी थी, उसकी मूरतों की बराबरी आज भी हो सकनी कठिन है। हजारों मूरतें

काँसे, पत्थर और मिट्टी की मिली हैं, जिन्हें देखते ही बनता है। खासकर मोहनजोदड़ो की काँसे की नारी-मूरत और हड़प्पा की पत्थर की मूरत तो गजब की है। हजारों मुहरें भी मिली हैं, जिन पर अनेक साँड़ों वाली मूरत तो आज की दुनिया में भी अपना सानी नहीं रखती। इन मुहरों पर एक प्रकार की तस्वीरनुमा लिखावट भी है, जो अब तक पढ़ी नहीं जा सकी। मुहरों का इस्तेमाल लोग चिट्ठी-पत्रियों पर ठप्पा लगाकर करते थे।

यह सभ्यता संसार की सबसे पुरानी सभ्यताओं में से है। उस काल में कुछ और भी सभ्यताएँ संसार में थीं, जैसे मिस्र में, सुमेर में, चीन में। सुमेर की सभ्यता बलोचिस्तान के दूसरी ओर दजला और फरात नदियों के मुहाने पर फैली थी, शायद समूचे बलोचिस्तान में भी। सुमेर की और हमारी सभ्यता बहुत मिलती-जुलती है। इससे कुछ लोग दोनों को सिन्धु-सभ्यता का ही विस्तार मानते हैं। कुछ अजब नहीं, जो सुमेर की सभ्यता भी द्रविड़ों की बनाई हुई हो।

किसे गुमान था कि रेत से ढकी सिन्धु की जमीन पर कभी गेहूँ के खेत लहलहाते थे; एक से एक बढ़कर नगर खड़े थे। किसी से लड़ना-भिड़ना उन्हें मंजूर न था, पर उनका यह जीवन बराबर चल न सका। एक दिन उत्तर से एक विकराल लड़ाकू जाति आई, जिसने उस सभ्यता के नगर बरबाद कर दिए, उस नागरिक सभ्यता को खत्म कर दिया और उसकी जगह अपने गाँव के बल्ले गाड़े। ये बड़े ताकतवर थे, घोड़े पर चढ़कर लड़ते थे, ऊँचे-ऊँचे गोरे-चिट्टे थे। इनके पास मारने के हथियार तो थे ही, बचने के कवच भी थे, जो यहाँ वालों के पास न थे। और यह सभ्यता आज से करीब चार हजार साल पहले मिट गई।

4

वह सभ्यता मिट गई; पर अपनी छाप अपने जीतनेवालों पर छोड़ती गई। जीतनेवालों ने उनसे बहुत कुछ सीखा। उनका धर्म, टोना-टोटका, योग सभी कुछ। उनकी नारियाँ ले लीं। उनसे अपना परिवार भी बढ़ाया। जीतनेवाले अपने को आर्य यानी श्रेष्ठ कहते थे।

आर्यों का हाल हमें उनकी धर्म पुस्तक 'ऋग्वेद' से मालूम होता है। ऋग्वेद संसार की सबसे पुरानी पोथियों में मानी जाती है। इसमें छन्द और मन्त्र हैं, जिन्हें आमतौर से ऋचाएँ कहते हैं। इन्हीं ऋचाओं के नाम पर उस पोथी का नाम ऋग्वेद पड़ा। ऋक् माने ऋचाएँ (छन्द, मन्त्र); वेद माने ज्ञान, इल्म। ऋग्वेद में ये ऋचाएँ और छन्द जो समय-समय पर बने हैं, इकट्ठे कर लिए गए हैं। इनको इकट्ठा बाद में किया गया। इकट्ठी की गयीं उन ऋचाओं की पोथी—संहिता के दस भाग हैं, जिनमें से हर एक को मंडल कहते हैं। पूरी संहिता में 1028 सूक्त हैं। एक ही

विषय के एक ही देवता या अन्य कई देवताओं के कहे छन्द एक साथ जो रख लिए हैं, उन्हें सूक्त कहते हैं। छन्द, मन्त्र या ऋचाएँ देवताओं की प्रार्थना या कृपालु राजाओं-रानियों आदि की प्रशंसा में कई कुलों के कवियों ने बनाई हैं। उन कवियों को 'ऋषि' या सच्चाई और धर्म की पहचान करनेवाला कहा गया। ऋषि पुरुष और स्त्री दोनों ही होते थे। ऋग्वेद की कविता अत्यन्त सजीव और सुन्दर है, खासकर उषा और वरुण के सम्बन्ध में।

ऋग्वेद से आर्यों के रहन-सहन का काफी पता चलता है। लगता है, वे अफगानिस्तान से गंगा-यमुना-घाघरा तक धीरे-धीरे फैल गए थे। काबुल से घाघरा तक के बीच की नदियों के नाम उसमें मिलते हैं। उनकी जाति कबीलों में बँटी हुई थी, जिन्हें 'जंन' कहते थे। उसके 'पञ्जन' प्रसिद्ध थे। वे आपस में भी लड़ते रहते थे। उनकी तब एक बड़ी लड़ाई हुई थी; दस राजाओं में, जिसमें सुदास जीता था। वह लड़ाई पुरोहिताई के लिए हुई थी। पुरोहिताई में बड़ा धन मिलता था, पर ब्राह्मण उस पर अपना अधिकार जमाए हुए थे, किसी और को उसमें घुसने नहीं देते थे। क्षत्रिय भी उसमें हिस्सा लेना चाहते थे। विश्वामित्र उसके अगुआ थे। दोनों अपने-अपने हिमायती राजा बुला लाए। समर छिड़ गया। इस प्रकार का एक उदाहरण परशुराम से क्षत्रियों की आपसी दुश्मनी, ताकत और धन के लिए, इस देश में बहुत काल तक चलती रही थी। उसकी बात फिर कहेंगे।

आर्यों का जीवन सादा, गाँव का, किसानों का था। उनका परिवार 'कुल' या ग्रह कहलाता था, उनका समूह 'ग्राम'। अनेक ग्राम मिलकर 'विश' होते थे, अनेक विश 'जन'। इस जन का मुखिया 'राजा' कहलाता था, जिसे जनता चुनती थी। बाद में राजा एक ही कुल से चुने जाने लगे और राज्य पर इन्होंने पुश्तैनी अधिकार कर लिया। फिर भी वह मनमानी नहीं कर पाता था, क्योंकि पुरोहित, सेनापति और गाँव का मुखिया जनता की ओर से उस पर नजर रखते थे। इसके अलावा जनता की दो सभाएँ 'समिति' और 'सभा' नाम की भी थीं, जो उसे मनमानी करने से रोकती थीं। राजा अनुचित आचरण करने से गद्दी से उतार भी दिया जाता था। उसे सही तरीके से प्रजा की रक्षा की प्रतिज्ञा करनी पड़ती थी और वचन से विमुख हो जाने पर उसे राजा बने रहने का अधिकार न था। वह लड़ाई और आक्रमण के समय सेना का संचालन करता था और शान्ति के समय न्याय और यज्ञ। पुरोहित लड़ाइयों में जीत के लिए पूजा-प्रार्थना करता था, यज्ञ करता था, उसके बदले वह दक्षिणा पाता था, जैसे राजा प्रजा की रक्षा के बदले कर और भेंट।

परिवार का जीवन सुखमय था। विवाह का रिवाज चल जाने से कई प्रकार के सम्बन्धी बन गए थे। आमतौर से एक आदमी एक ही औरत से ब्याह करता था, पर राजा, धनी-मानी और पुरोहित-ऋषि अनेक ब्याह भी एक साथ कर लेते थे। रानी का स्थान काफी ऊँचा था। उसे पढ़ने, यज्ञ करने का अधिकार था। वह

लड़ाइयों में भी जाती थी। अनेक बार उसकी वीरता की ऋग्वेद में बड़ी तारीफ हुई है। अनेक ऋषि औरतें भी थीं।

साधारण जनता खेती और पशुपालन करती थी। कुछ लोग लड़ने-भिड़ने का काम करते थे। उन दिनों लड़ाइयाँ अकसर होती थीं, जिससे विशेषकर बाहर से आए आर्यों को हमेशा कमर कसे रहना होता था। अधिकतर व्यापार चीजों की अदला-बदली से होता था। गाय कीमत के रूप में जब-तब ली जाती थी। गाँव में बढ़ई, लुहार, सुनार, नाई, चमार सभी थे। सीने-पिरोने, चटाई-कपड़ा बुनने, गाय दुहने, पानी आदि भरने का काम अधिकतर औरतें करती थीं। पर कोई पेशा छोटा नहीं माना जाता था। श्रम की खासी कदर थी।

कपड़ा अधिकतर ऊन का बनता था। नीचे धोती या सलवार, ऊपर एक वस्त्र और उसके ऊपर शाल। धनियों के कपड़ों में सुनहरा काम भी बना होता था। नाचनेवाली औरतें पेशबाज पहनती थीं। नर-नारी दोनों कानों में बाली, हाथ-पैरों में कड़े, गले में हार आदि पहनते थे। लोग बालों में तेल डालते और कंघा करते थे।

नारियाँ अपने बालों की चोटियाँ गूँथती थीं। कुछ मर्द सिर और दाढ़ी मुंडा लेते थे, अनेक पुरुष बाल और दाढ़ी रखते थे।

आर्य अन्न, दूध, दही, घी, माँस सभी खाते थे। पर धीरे-धीरे गाय राष्ट्र का धन समझी जाने लगी, अवध्य और पूजा की चीज भी मानी जाने लगी। लोग सोमरस और शराब दोनों ही पीते थे। सोम एक प्रकार की लता थी, जिसका रस निकाल लिया जाता था। आर्य गाने-बजाने में निपुण थे, त्यौहारों पर खूब उत्सव मनाते थे। उनका एक 'समन' नाम का मेला होता था, जहाँ नाच-रंग खूब जमता था। रथों और घोड़ों की दौड़ होती थी, युवक और युवती अनेक बार वहीं विवाह के लिए साथी ढूँढ़ लेते थे। जुआ भी खूब खेला जाता था। लोग अपनी बीवी तक जुए में दाँव पर लगा सकते थे।

समाज में वेश्या और गुलाम भी थे। गुलाम ज्यादातर वे पुराने जीते हुए दुश्मन ही थे, जिन्हें आर्य 'दास' 'दस्यु' कहते थे। उनकी जबान न समझ सकने के कारण उन्हें 'कड़ी बोली वाले' कहते थे। उनको उन्होंने अनेक बार लिंगपूजक, यज्ञ न करनेवाले, काले अनासा—चपटी नाक वाले भी कहा।

आर्यों का धर्म प्रकृतिवादी था। पृथ्वी, सोम, अग्नि, इन्द्र, वायु, मरुत, पर्जन्य, वरुण, आकाश, सूर्य आदि देवताओं को वे पूजते थे। अपनी प्रार्थना से ऋचाओं का गान करते थे। ऋग्वेद में उषा-सम्बन्धी ऋचाएँ गजब की ताजगी लिए हुए हैं। अपने यज्ञों में लोग मांस के अतिरिक्त दूध, घी, अन्न आदि भी चढ़ाते थे।

आर्य कहाँ से आए, यह कहना तो कठिन है, परन्तु यह भी सही है कि शीघ्र वे यहाँ की जनता में इतने घुल-मिल गए कि दोनों में भेद न रहा। पहले

इंच-इंच जमीन के लिए जमकर लड़ाई हुई, पर बाद में मिलकर दोनों एक हो गए। कुछ ही काल बाद आपस में शादी-ब्याह के कारण कई अंशों में रंग का भेद भी मिट चला और दोनों ने मिलकर भारत में जिस संस्कृति का निर्माण किया, वह अत्यन्त शक्तिशाली थी। वही अगली भारतीय संस्कृति की पहली मजबूत नींव हुई, जिस पर बाद में आर्य-सभ्यता के पाये रखे गए। घुल-मिल जाने के कारण वही बाद की सभ्यता आर्यों और द्रविड़ों की साझी बपौती हुई। वही आज हमारी भी विरासत है।

5

वेद चार हैं—ऋग्वेद, यजुर्वेद, सामवेद और अथर्ववेद। इनमें से पहले तीन का बहुत काल तक इस देश में बड़ा मान रहा। उसका नाम भी आमतौर से उनकी संख्या की वजह से 'त्रयी' पड़ गया। इनमें यजुर्वेद और सामवेद तो ऋग्वेद के ही सूक्तों से बने हैं। इनका सम्बन्ध अधिकतर यज्ञों से है। अथर्ववेद शायद कुछ पीछे बना। उसमें भी ऋग्वेद के अनेक मन्त्र हैं। इसमें पहले-पहल पुराने और नए भारतीयों की मिली-जुली संस्कृति के बीज पड़े।

इन्हीं के साथ तीन प्रकार के और ग्रन्थ जुड़े हैं—ब्राह्मण, आरण्यक और उपनिषद्। ब्राह्मण वेद के मन्त्रों का अर्थ स्पष्ट करते हैं। इस रूप में वे पुरोहित के कर्मकाण्ड, यज्ञ आदि की कुंजी हैं। उनके नाम से भी पुरोहित ब्राह्मणों से उनका सम्बन्ध प्रकट होता है। उन ग्रन्थों में ऐतरेय और शतपथ मुख्य हैं। 'आरण्यक' ब्राह्मणों के ही पिछले हिस्से हैं। उनका अर्थ जंगल के एकान्त में समझा जाता है। 'उपनिषद्' इस प्रकार के ग्रन्थों में सबसे अधिक महत्व के हैं। इनमें मुख्य छान्दोग्य और बृहदारण्यक हैं। उपनिषद् वेदों के कर्मकाण्ड और ब्राह्मणों के प्रायः विरोधी हैं, विद्रोही। उनके नेता ब्राह्मण नहीं, क्षत्रिय हैं। जिस शक्ति के लिए वेदों में ब्राह्मण-क्षत्रियों में वैर छिड़ा था, उसका विकास उपनिषदों में हुआ।

इन ग्रन्थों का समय आज से कोई ढाई हजार वर्ष पहले तक चला जाता है। इनसे पता चलता है कि आर्य तब पूरब में बिहार तक और दक्खिन में विन्ध्याचल पहाड़ तक फैल गए थे। वहाँ उनके बड़े-बड़े राज्य, बड़े-बड़े नगर खड़े हो गए थे—काम्पिल्य, आसन्दीवन्त, कोशाम्बी, काशी। उस काल में सबसे बडे राजकुल कुरु और पांचाल थे। ये सरस्वती के किनारे पानीपत के आस-पास बसे थे। पांचाल गंगा, जमुना के दोआब में। इन बड़े-बड़े राज्यों को जनपद राज्य कहते थे। राजा छोटे, मंझोले, बड़े—कई प्रकार के थे। बड़े राजाधिराज, सम्राट्, चक्रवर्ती आदि कहलाते थे। ये नाम इनकी जीतों और कई तरह के यज्ञों से इन्हें मिले थे।

राजा अब तक कुलागत हो गया था। क्षत्रिय ही राजा होता था और वह अनेक

सलाहकारों की सलाह से राज्य करता था। धर्म के मुताबिक हुकूमत करना उसका कर्तव्य माना जाता था। धर्म या कानूनों के बनाने वाले ऋषि वगैरह थे। परन्तु प्राचीन काल की समिति और सभा अब नहीं थीं; जिससे राजा मनमानी भी करने लगा।

आज की जात-पात का आरम्भ तब ही हो गया था, पर न उसका यह रूप ही तब था, न इतनी संख्या ही थी। पहले शायद उसका भेद वर्ण या रंग से हुआ, जिससे उसका नाम भी 'वर्ण' पड़ा। यह शुरू में आर्य और दास (या दास्य) का ही अन्तर करता होगा, पर धीरे-धीरे इसके कई खण्ड बन गए। ऋग्वेद में एक सूत्र है जिसका नाम 'पुरुष-सूक्त' है। उसमें ब्राह्मण की उत्पत्ति 'पुरुष' के मुंह से, क्षत्रिय की उसकी बाँहों से, वैश्य की उसकी रानों से और शूद्र की पैरों से कहीं गई है। जिससे जान पड़ता है कि तभी से किसी न किसी मात्रा में चारों वर्णों (जातियों) की नींव पड़ गई थी। कम से कम पुरोहित तो पुराने थे ही और जिस तरह ब्राह्मण दूसरों को उस पेशे में नहीं घुसने देते थे, क्षत्रिय भी राज-काज, लड़ाई वगैरह में अपना एकाधिकार मानने लगे थे। साधारण जन 'विश' कहलाते थे। मगर उनमें अभी शादी-ब्याह, खान-पान होते थे। पेशे भी आसानी से बदले जा सकते थे। पर उपनिषद्काल या पिछले वैदिक युग तक पहुँचते-पहुँचते सब अलग-अलग हो गए। तब कुलागत हो गए, वैसे उनके पेशे भी। ब्राह्मण का कर्त्तव्य पढ़ना-पढ़ाना, यज्ञ-कर्म, दक्षिणा लेना माना गया। क्षत्रिय का राज करना, पढ़ना, युद्ध करना हुआ। इसी प्रकार वैश्य का खेती, पशु-पालन और व्यापार हुआ और शूद्र का इन तीनों की सेवा। विवाह अब भी जब तब भिन्न वर्गों में हो जाया करते थे पर ब्राह्मण अपनी पुरोहिताई में किसी को घुसने नहीं देते थे। ब्राह्मण-क्षत्रियों में काफी द्वन्द्व चला। क्षत्रिय ब्राह्मणों के कर्मकाण्ड के खिलाफ हो गए। ज्ञान को उन्होंने यज्ञ से ऊपर माना। आत्मा और ब्रह्म का रहस्य बताया। उनके दरबार अब ज्ञान के मरकज बन गए। वे अब ब्राह्मणों को भी पढ़ाने लगे। उपनिषद्-काल के नेता पंजाब में अश्वपति, पांचाल में प्रवहण जैवलि, काशी में अजातशत्रु और विदेह (मिथिला) में जनक हुए। चारों क्षत्रिय थे। अश्वपति ने श्वेतकेतु के पिता महर्षि आरुणि को पढ़ाया और जनक ने महर्षि याज्ञवल्क्य को। जनक की सभा तो ज्ञान का अखाड़ा मानी जाती थी। गार्गी, मैत्रेयी-सी महिलाएँ भी वहाँ की बहसों में हिस्सा लेती थीं और वैदिक ऋषियों की तरह ब्रह्म-वादिनी कहलाती थीं, परन्तु आमतौर से नारियों और शूद्रों का स्थान नीचा होता जा रहा था।

ब्राह्मण-क्षत्रिय का झगड़ा कहीं-कहीं पुरोहित-राजा के झगड़े का रूप भी लेने लगा था। परीक्षित के बेटे जनमेजय और उसके पुरोहित तुरकावषेय के बीच इस तरह का झगड़ा था। तुरकावषेय ने जनमेजय का पुरोहित होते हुए भी उसका यज्ञ भ्रष्ट कर दिया। इस पर राजा के तीनों भाइयों—भीमसेन, उग्रसेन और ऋतुसेन ने हजारों ब्राह्मणों को मार डाला, जिससे उन्हें प्रायश्चित करना पड़ा।

कर्मकांड के रुद्र और विष्णु प्रधान देवता माने गए। इन्द्र की महिमा घट गई थी। रुद्र का दूसरा रूप शिव स्थापित हुआ। परन्तु उपनिषदों ने इन सबको छोड़कर ब्रह्म की महिमा का बखान किया। आत्मा-परमात्मा का रूप रखा। हम कहाँ से आए हैं? कहाँ जाएँगे? यह दीखने वाला संसार क्या है? ब्रह्म क्या है?—आदि विचारकों के सोचने-विचारने के विषय हुए। दर्शन का रूप अब बनने लग गया। मगर ब्राह्मण-क्षत्रियों में झगड़ा चल ही रहा था। इससे ब्राह्मणों के यज्ञकर्म हटाकर क्षत्रियों ने ब्रह्मदर्शन में ब्रह्म और ईश्वर को ही नहीं माना, उसका अस्तित्व ही अस्वीकार कर दिया। दर्शन सभी ब्राह्मणों के लिखे थे। प्रायः सभी शुरू में नास्तिक थे। दर्शन छः हैं : कपिल का सांख्य, पतंजलि का योग, गौतम का न्याय, कणाद का वैशेषिक, जैमिनी का पूर्व-मीमांसा और व्यास का उत्तर-मीमांसा। उन्होंने वेदों के सही अध्ययन और आसानी के लिए भी छः विषय तैयार किए, जिन्हें वेदांग कहा। वेदांग ये थे—व्याकरण, शिक्षा (उच्चारण), कल्प (कर्म-काण्ड), निरुक्त (शब्दार्थ, जिससे बाद में कोष बने), छन्द (पद्य के नियम) और ज्योतिष। इन विषयों पर बाद तक सूत्र-रूप में ग्रंथ लिखे जाते रहे। सूत्र कहते हैं—सूत या धागे को जिससे थोड़े में ही फैले जाल का पता चल जाए। यह सूत इतना मांजा गया कि कहते हैं, सूत्रकार को एक मात्रा बचा लेने से उतना सुख मिलता था, जितना पुत्र होने से। तभी शायद लिखने का भी आरम्भ हुआ। आज की हमारे देश की प्रायः सभी लिपियां ब्राह्मी से निकली हैं। पर ब्राह्मी में लिखा लेख ईसापूर्व छठी सदी से पहले का नहीं मिलता और चूंकि मोहनजोदड़ो की लिखावट से उसका कोई सम्बन्ध नहीं, इसलिए कुछ विद्वानों की राय है कि शायद ब्राह्मी फिनीशी या अस्सीरी कीलनुमा अक्षरों से निकली। सत्य क्या है, अभी नहीं कहा जा सकता।

इस काल के पेशों पर भी यहाँ एक नजर डाल लेना उचित होगा। प्रधान पेशा तो पहले की ही तरह कृषि था। व्यापार का काफी विस्तार हो चुका था। सोना, चाँदी, शीशा, ताँबा, टीन, काँसा, पीतल आदि के अतिरिक्त लोहा भी अब वाणिज्य में प्रयुक्त होता है। सूत, शिकारी, रथकार, कुम्हार, जुलाहे, कसाई, लुहार, सुनार, धुनके, गायक, महावत, वैद्य आदि अनेक पेशों के लोगों का उल्लेख उस काल की पुस्तकों में हुआ है।

सूत्रकाल के ग्रन्थों में पाणिनि का व्याकरण 'अष्टाध्यायी' अत्यन्त प्रसिद्ध है। व्याकरण लिखने वाले पहले भी हुए थे, पीछे भी हुए; पर पाणिनी का-सा वैयाकरण कोई नहीं हुआ। उसने संस्कृत भाषा का रूप निश्चित कर दिया। प्राकृत जन-साधारण की बोली थी और संस्कार यानी शुद्ध की हुई भाषा संस्कृत। संस्कृत में ही धर्मग्रन्थ थे, पुरोहित उसी में पूजा करते थे, राजा उसी में राज-कार्य करते थे। उसका रूप पाणिनी ने सदा के लिए निश्चित कर दिया।

कल्प-सूत्र तीन प्रकार के हैं। श्रौत-सूत्र, गृह्य-सूत्र और धर्म-सूत्र। श्रौत-सूत्र

यज्ञों से सम्बन्ध रखते हैं और गृह्य सूत्र अठारहों संस्कार से। ये संस्कार व्यक्ति के जीवन को जन्म के पहले से लेकर मृत्यु के बाद तक संगठित करते हैं। इनमें प्रधान जनेऊ (उपनयन), विवाह और अन्त्येष्टि (श्राद्ध) थे। इन संस्कारों से ही ऊपर के तीन वर्ण 'द्विज' यानी दुबारा जन्मे हुए माने जाते हैं। धर्म-सूत्र उस काल के सामाजिक कानून उपस्थित करते हैं। उनमें उस काल के सामाजिक कर्तव्यों का वर्णन है। उनमें प्रधान गौतम और आपस्तम्ब के धर्म-सूत्र हैं। इनमें पहले आज से ढाई हजार साल पहले लिखा गया, दूसरा उससे करीब सौ साल बाद। सूत्रों के काल तक वर्ण तो पूरी तरह स्थापित हो ही गए थे, उनके खान-पान, शादी-ब्याह सम्बन्धी नियम-कानून भी बन गए थे, आश्रमों की भी तब पूरी-पूरी व्यवस्था हुई। आश्रम चार माने गए—ब्रह्मचर्य, गृहस्थ, वानप्रस्थ और संन्यास। आदमी के जीवन के चार हिस्से इस प्रकार हो गए। पहले वह ब्रह्मचारी रहकर विद्या पढ़ता, फिर विवाह कर गृहस्थ बनता और जीवन के तीसरे पहर घर छोड़, पत्नी को लेकर तप आदि के लिए जंगल चला जाता और अन्त में संन्यास लेकर सब कुछ छोड़कर उपदेश करता फिरता। अब वर्णाश्रम-धर्म समाज का संचालन करने लगा। सबके अपने-अपने नियम बन गए, जिससे गिरना बड़ा भारी सामाजिक अपराध माना जाने लगा।

वर्णाश्रम-धर्म की पुष्टि में रामायण-महाभारत भी लिख डाले गए जो आदर्श के रूप में देवताओं और अवतारों का चरित्र लेकर हमारे सामने आए। उनकी संस्कृति भी राज-संस्कृति थी, परन्तु राजा न्याय करते समय न केवल मंत्री की राय लेता था, बल्कि कुल, जाति, श्रेणी, पूगों आदि के नियमों आदि का ध्यान रखता था। श्रेणी, शिल्पियों, व्यापारियों आदि के संघ थे। पूग भी उसी प्रकार जातीय सभा थी। इनका उल्लेख धर्मसूत्रों में भी मिलता है। महाभारत में गुणों और संघों का भी बखान है। गण जनता के प्रतिनिधियों के राज को कहते थे। संघ कई गणों के मिलने से बने राज्यों को। अब तक समाज के भीतर, कुछ के भीतर सबके आपसी सम्बन्ध निश्चित हो चुके थे। पिता-पुत्र, भाई-भाई, पति-पत्नी, सभी के। रामायण-महाभारत ने उसी का विशेष स्वरूप रखा। समाज को अब नियमबद्ध रूप मिला। सबको अपना-अपना कर्तव्य और अपनी-अपनी सीमाएं मालूम थीं।

इस स्थिति को और भी खुला रूप स्मृतियों में मिला। स्मृति धर्मशास्त्र का दूसरा नाम है। स्मृति माने वह जो याद रह गया हो। याद सुने हुए (श्रुति) ज्ञान की, वेद की। वेद सुनकर ही याद रखे गए थे, लिखने का चलन अभी नहीं था। मतलब कि धर्म-शास्त्र वेदों के अनुकूल ही राह दिखाते थे। धर्मशास्त्रों में और भी विस्तार के साथ वर्णाश्रम-धर्म बताया गया है। उसमें अपराधों का दण्ड भी बताया गया है। वे कानूनी किताबें हैं, जिनमें कर्तव्य, अधिकार और दण्ड तीनों बताए गए। नारी को पूज्यनीया तो उसमें बताया गया है, पर सचमुच उन्हें कोई अधिकार नहीं दिए गए हैं। उनको गवाही देने का, स्वतन्त्र रूप में सम्पत्ति का हक नहीं है। वे केवल

स्त्री-धन पा सकती हैं। आठ से बारह वर्ष तक ही उनका विवाह कर देने पर जोर दिया गया है।

धर्मसूत्रों और धर्मशास्त्रों से समाज की बड़ी जकड़ी हुई स्थिति मालूम होती है। इसका कारण यह है कि तब भारत का सामना अनेक विजातियों से हुआ था। सीमा पर हमले हो रहे थे, ग्रीक और शक भीतर भी घुस आए थे। काफी पहले ईरानियों ने दीर्घकाल के लिए पंजाब और सिन्ध पर कब्जा कर लिया था। साथ ही बौद्ध, जैन और भागवत धर्मों ने जो वर्णाश्रम धर्म पर हमला कर सबकी बराबरी की बात कही थी, उससे ब्राह्मण भयभीत हो गए थे। उन्होंने इसी से अनेक नियम-उपनियम बनाकर समाज और व्यक्ति को, वर्णाश्रम धर्म को पवित्र और कायम रखने के लिए मजबूर कर दिया। प्रधान धर्मशास्त्र मनु, विष्णु, याज्ञवल्क्य और नारद के थे।

6

आज से करीब ढाई हजार वर्ष पहले संसार-भर में धार्मिक हवा बही थी। चीन में, ईरान में, हिन्दुस्तान में। उपनिषदों का ज्ञान तो फैल ही रहा था, दूसरे, बहुतेरे सत्य के खोजी भी घर-द्वार छोड़ लोक-कल्याण की तदबीर ढूँढ़ने निकल पड़े थे। इनमें विशेष प्रसिद्ध महावीर और बुद्ध हुए। दोनों क्षत्रिय थे, दोनों वेद-विरोधी, संस्कृत-विरोधी, वर्णाश्रम-धर्म-विरोधी और ब्राह्मण विरोधी थे। दोनों उपनिषदों की परम्परा में यज्ञों के विरोधी थे। दोनों ने घर छोड़ तप साधा और अपने-अपने तरीके से सत्य को खोजकर उसका प्रचार किया। दोनों ने अहिंसा और दया को अपने उपदेशों में ऊंचा स्थान दिया और अपने-अपने संघों में सभी जाति के लोगों को बराबर स्थान दिया। संस्कृत ब्राह्मणों का गढ़ बन गई थी। उसे छोड़ दोनों ने लोगों में जन-बोलियों के जरिये अपने सन्देश सुनाए, जिससे वे उनमें आसानी से फैल गए। दोनों क्योंकि पंचायती राज्यों से आए थे, उनमें मनुष्य मनुष्य के लिए समता का विचार था।

महावीर ने तप को ऊंचा स्थान दिया, उसी प्रकार अहिंसा को भी। बुद्ध ने तप और भोग के बीच का मध्यम मार्ग सुझाया। महावीर का धर्म कठिन होने से देश के बाहर न जा सका। आज भी देश में उनके पीछे चलने वाले जैनियों की संख्या अधिक नहीं है, उसका प्रचार कुछ धनी वैश्यों में है। बुद्ध का धर्म गृहस्थ का त्यागमय साधारण धर्म था, इससे घर-बाहर सर्वत्र फैला। संसार के कम धर्मों के इतने अनुयायी हैं, जितने बौद्ध धर्म के। उनके उपदेशों में सच्चे, दयावान जीवन की ओर आग्रह था। उनसे ब्राह्मण-धर्म को बड़ा आघात पहुँचा। धर्मसूत्रों की सारी इमारत ऊंच-नीच पर कायम थी, उस पर बुद्ध ने बड़ा आघात किया। ब्राह्मण के यज्ञ, वेद, भाषा, समाज-संगठन, सभी की जड़ें हिल गईं।

उन्हीं दिनों भागवत धर्म का भी काफी प्रचार हुआ। विष्णु के अवतारों की पूजा

शुरू हुई। वासुदेव कृष्ण, अर्जुन, राम आदि भगवान के रूप में पूजे जाने लगे थे। रामायण और महाभारत उसी पूजा के परिणाम थे। एक में राम की महिमा गाई गई, दूसरे में कृष्ण की। भागवत धर्म वैष्णव धर्म का ही दूसरा नाम था। इस धर्म में भी जैनों, बौद्धों की तरह हर जाति के लोगों को आने की इजाजत थी।

इन समतावादी धर्मों के प्रचार का नतीजा यह हुआ कि जनता का निचला स्तर, नीचे की जातियां ऊपर उठीं और एक बार मगध के क्षत्रियों की गद्दी पर शूद्र राजा नन्द बैठ गया। ब्राह्मण-क्षत्रियों की आपसी लड़ाई चल रही थी। क्षत्रिय, उपनिषद्, जैन, भागवत धर्मों ने ब्राह्मणों की बड़ी क्षति की थी, इससे उन्होंने उठती हुई नई ताकत—शूद्रों की सहायता की। नन्द के दोनों मन्त्री ब्राह्मण थे और नन्द ने जो सारे क्षत्रिय राजाओं का नाश कर भारत का पहला मगध-साम्राज्य कायम किया तो उसमें ब्राह्मण मन्त्रियों का भी सांझा था। पर जल्दी ही ऐसा लगा कि उससे वर्ण-धर्म का भी कुछ कम नुकसान नहीं होगा। इससे उस उठती हुई नई शक्ति को रोकने के लिए ब्राह्मण चाणक्य ने क्षत्रिय चन्द्रगुप्त से सांझा कर नन्द को उखाड़ फेंका और शूद्रों के खिलाफ अपनी प्रसिद्ध पुस्तक 'अर्थशास्त्र' में अनेक कानून बनाए। उन्हीं दिनों सिकन्दर हिन्दुस्तान पर हमला करके लौटा था। जब चन्द्रगुप्त मौर्य जैन हो गया तो वह सांझेदारी खत्म हो गई।

उधर बौद्ध अशोक ने यज्ञों को बिल्कुल बन्द करवा दिया और अहिंसा और दया की गजब की हवा बहाई। अपने राज्य में सभी धर्मवालों को बसने का आदेश दिया। लड़ाई के खिलाफ पहली आवाज उठाई। सिकन्दर के झण्डे के नीचे ग्रीकों ने हिन्दुस्तान पर हमला किया था, उसने उसका अजब बदला दिया। उसने ग्रीक राजाओं के राज्य में इन्सान और हैवान दोनों के लिए दवा बांटने का इन्तजाम किया। भारत की संस्कृति की यह गजब की चोट थी, शत्रु को प्यार से जीतने की। उसने बौद्ध धर्म का देश के बाहर भी अपने दूत भेजकर प्रचार किया।

पर निश्चय ही उससे ब्राह्मण-धर्म की हानि हुई। उसका पोता अब जबर्दस्ती गुजरात के लोगों को जैन बनाने लगा। इसी समय आमू दरिया से ग्रीकों ने भारत पर हमला किया और घुसते हुए मगध की राजधानी पाटलिपुत्र (पटना) तक चले गए। फिर मौर्यों के आखिरी राजा बृहद्रथ को उसके पुरोहित-सेनापति पुष्यमित्र ने मार कर ब्राह्मण साम्राज्य कायम किया। यह उसी ब्राह्मण-क्षत्रिय लड़ाई का नतीजा था जिसके सिलसिले में वसिष्ठ, परशुराम, तुरकावषेय हुए थे। इसी काल में महर्षि पतंजलि अपना योग दर्शन और पाणिनि अष्टाध्यायी पर अपना 'महाभाष्य' लिख रहे थे। पुष्यमित्र की विजय उसकी सलाह का फल था। पुष्यमित्र ने ब्राह्मण धर्म को फिर से फैलाया। यज्ञ जारी किए, संस्कृत को राजभाषा बनाया, मनुस्मृति लिखवाकर वर्णाश्रम धर्म की फिर से प्रतिष्ठा की। कुछ ही काल पहले भगवद्गीता का उपनिषद् लिखा गया था जो कृष्ण को उन सब देवों का देव बना चुका था। मनुस्मृति में

ब्राह्मणों को पृथ्वी का देवता माना है।

कला की उन्नति इस काल में गजब की हुई थी। जब-जब संस्कृतियां घुलीं-मिलीं, तब-तब जीवन ऊंचा उठा। ईरानियों का राज्य बहुत काल तक पंजाब और सिन्ध पर रहा था। अशोक के कुछ ही काल पहले तक ईरान मूर्तियां बनाने में संसार में लासानी रहा था—दर्पण की-सी चमकती सांडों व शेरों की मूर्तियां; जिनकी छाप हमारी अशोक-लाट की मूरतों पर काफी हद तक उतर आई। दारा की ही भांति उसने भी अपने लेख चट्टानों पर खुदवाए, लाटों पर भी। फर्क इतना और था कि जहां दारा ने खूनी कहानी उन पर लिखवाई थी, अशोक ने प्रेम और अहिंसा के सन्देश खुदवाए। अशोक की लाट की पालिश गजब की है जैसे तांबे की हो।

वैसे ही कला का विकास शुंगों के राज में खूब हुआ। उस काल चारों ओर भारत में ब्राह्मणों का राज्य था; उत्तर में पुष्यमित्र शुंग का, दक्खिन में आन्ध्र, सातवाहनों का। दोनों ने कला के क्षेत्र को और बढ़ाया। आन्ध्र ने नासिक में गुफाएँ खुदवाईं, शुंगों के समय भर-हुत और सांची के अद्भुत बौद्ध स्तूप बने, जिन पर सुन्दर कढ़ाई का काम हुआ। अभिराम मूरतें खड़ी हुईं, मनोहर और ऊँचे स्तम्भ बने। मिट्टी के खिलौने भी तब सुन्दर से सुन्दर बने। वह काल ईसा से पहले दूसरी पहली सदी का था।

पुष्यमित्र के घराने के राज्य के समय ही पंजाब पर ग्रीकों ने अधिकार कर लिया था, वे राज्य करने लगे थे। प्रायः दो सौ साल तक वे वहाँ राज्य करते रहे। उन्होंने वहाँ अपनी संस्कृति फैलाई, ग्रीक नाटक खेले, ग्रीक ज्योतिष का प्रचार किया, मूर्तिकला में एक नया तरीका चलाया, जिसे गान्धार शैली कहते हैं। इसी शैली में बुद्ध की पहली मूर्ति बनी। गान्धार की राजधानी तब तक्षशिला थी। तक्षशिला बड़ी प्राचीन नगरी थी, जहाँ भारत का पहला विश्वविद्यालय कायम हुआ था। वहाँ का अस्पताल संसार प्रसिद्ध था और इलाज के लिए दूर-दूर से लोग आते थे। पाणिनि और चाणक्य वहीं के पढ़े थे। अब वहाँ के राजा ग्रीक थे।

उन्हीं दिनों शकों के हमले शुरू हुए जो पाटलिपुत्र तक पहुंच गए। उन्होंने पांच-पांच जगह भारत में अपने केन्द्र बनाए और भारत का ज्योतिष उनके बढ़ावे से बहुत फूला-फला। उस ज्योतिष का केन्द्र उज्जैन था। उन्होंने ही भारत में सूर्य की पूजा प्रचलित की। भारत की सबसे पुरानी, पहली सदी ईसवी की, पहली सूर्य की मूर्ति, जो मथुरा के अजायबघर में रखी है, सलवार, अचकन और घुटनों तक जूते पहने हुए है, ठीक शकों या कुषाणों की तरह। सूर्य की पूजा के लिए ही शकों ने शकद्वीपी ब्राह्मणों को मध्य एशिया से बुलाकर इस देश में बसाया। हमने कुछ दिनों बाद शकों को पचा लिया।

उनके बाद उत्तर-पश्चिमी चीन की रहने वाली जाति ने भारत पर हमला किया। इन्होंने भी हमारी कला की बड़ी उन्नति की। भारतीय मूर्तियों की प्रसिद्ध

कुषाण-कला का नाम उन्हीं के नाम पर पड़ा है। मथुरा और लखनऊ के संग्रहालय उस काल की खूबसूरत मूर्तियों से भरे हैं। कुषाणों का राजा कनिष्क बौद्ध हो गया था। उसने अपने समय के सारे विख्यात विद्वानों की सभा की। उसकी सभा में अश्वघोष-से कवि, सुपार्श्व और वसुमित्र-से दार्शनिक, चरक-से वैद्य और नागार्जुन से भक्त हुए। अश्वघोष से तो महाकवि कालिदास ने बहुत कुछ सीखा और नागार्जुन ने बौद्धों का प्रसिद्ध सम्प्रदाय महायान चलाया।

7

कनिष्क के करीब दो सौ साल बाद नागों और गुप्तों ने उसके वारिसों से हिन्दुस्तान का राज्य छीन लिया। नागों ने तो जब-जब विदेशियों को हराया, तब-तब अश्वमेध किया। उन्होंने काशी में गंगा के घाट पर दस अश्वमेध किए जिससे उस घाट का नाम ही दशाश्वमेध पड़ गया। गुप्तों का युग इस देश में बड़े गौरव का माना जाता है। उनके राज्य के विस्तार में, व्यापार में, ज्ञान, साहित्य और कला में इतनी उन्नति हुई कि उस काल को 'सोने का युग' कहते हैं।

गुप्त भारतीय संस्कृति की दुपहरी का बोध कराते हैं। सब जो प्राचीन था, घुल-मिलकर पक गया है। द्रविड़, आर्य, ईरानी, ग्रीक, शक, कुषाण सभी भारतीय संस्कृति में अपना सुन्दरतम योग दे चुके हैं। वे सब सज-निखरकर हिन्दू या भारतीय होकर इस काल में सामने आते हैं। हिन्दू शब्द का उचित प्रयोग इस काल की संस्कृति के साथ होना उचित है। अब तक पुराण बन चुके हैं, उनके देवता–ब्रह्मा, विष्णु, महेश–अपने असंख्य रूपों में प्रकट हो चुके हैं। मन्दिर उनकी मूर्तियों से भरे हैं। घर की दीवारें उनके चित्रों से खिंची हैं। दसों अवतारों की पूजा होती है। अब बुद्ध की प्रतिमा भी है। बौद्धों-ब्राह्मणों में कोई झगड़ा नहीं। राजा परम भागवत हैं, पर रक्षक दोनों का समान रूप से है। एक अजब समन्वय का काल है। बराबर के शत्रु ब्राह्मण-क्षत्रिय भी एक साथ हैं। गरज कि समन्वित हिन्दू संस्कृति उसके लिए सार्थक नाम है।

चन्द्रगुप्त विक्रमादित्य ने शकों को परास्त कर 'शकारि' नाम धारण किया है। इस जीत से मालवा, गुजरात और काठियावाड़ी साम्राज्य के मिल जाने से हिन्दुस्तान पश्चिमी और पूर्वी दुनिया के व्यापार का केन्द्र बन गया। उसके आंगन में धारासार धन बरस रहा है।

साहित्य के मैदान में संस्कृत खूब फलती-फूलती है। बौद्ध तक संस्कृत में लिखते हैं। वसुबन्धु और दिङ्नाग बौद्ध दर्शन उसी भाषा में तैयार करते हैं। समुद्रगुप्त स्वयं कवि हैं, गायक हैं। उससे बड़ा उसका राजकवि हरिषेण है। पर उसी काल का विष्णुपुराण समुद्रगुप्त की साम्राज्यवादी विजयों पर धिक्कारता है। चन्द्रगुप्त

विक्रमादित्य की सभा में 'नवरत्न' हैं। वे कौन हैं, यह तो नहीं कहा जा सकता, पर उनमें सबसे चमकदार निश्चय ही संस्कृत साहित्य का सबसे बड़ा कवि कालिदास है। उसने अमर काव्य मेघदूत, कुमार सम्भव, रघुवंश और ऋतु-संहार लिखे। अद्भुत नाटक शाकुन्तल, मालविकाग्निमित्र और विक्रमोर्वशीय लिखे। अमरसिंह ने अपना अमर-कोश लिखा, विशाखदत्त ने मुद्राराक्षस और देवीचन्द्रगुप्त। धन्वन्तरि भी शायद तभी हुआ। पुराण भी तभी तैयार हुए। याज्ञवल्क्य-स्मृति लिखी गई। मनुस्मृति फिर से संभाल ली गई। आर्यभट्ट ने जमीन की गोलाई नापी और वराहमिहर ने ज्योतिष के देशी-विदेशी सिद्धान्तों को युग की नीति के मुताबिक इकट्ठा किया। ब्रह्मगुप्त ने गणित में नाम किया।

कला में तो उस युग ने जो कुछ किया, वह न पहले न पीछे, कभी भी सम्भव न हो सका। देवगढ़ और भीतरगांव के ईंट के मन्दिर तो अचरज के नमूने हैं ही, अनेक गुफा-मन्दिर बनाकर भी उस युग ने अपनी शिल्प-कला का परिचय दिया। मूर्तिकला तो न केवल संख्या में इतनी सम्पन्न हुई बल्कि रूप में भी अद्वितीय हुई। मथुरा और सारनाथ में बुद्ध की अद्भुत मूर्तियां रखी हैं। सबसे अधिक मार्के की बात यह है कि वह युग हिन्दू वैष्णव राजाओं का था, पर बौद्ध मूर्तियाँ जितनी तब सुन्दर बनीं, उतनी कभी नहीं। राष्ट्रीयता का जमाना था; ग्रीक असर को भी भारतीय जामा पहनाकर पूरा-पूरा अपना लिया गया। ढाली हुई धातु की मूर्तियों के तो क्या कहने! उनके जोड़ की चीजें कहीं नहीं। उसी काल का लोहे का खम्भा दिल्ली में कुतुबमीनार के पास खड़ा है, धूप-पानी झेल रहा है, पर जरा जंग नहीं लगी। इसी प्रकार मिट्टी की भूर्तियां और खिलौने भी गजब के हैं। पश्चिमी घाट के अजन्ता की गुफाओं के अभिराम चित्र तभी के बने हैं, जिनकी गणना संसार के सबसे सुन्दर चित्रों में है। ग्वालियर के पास बांध नाम की गुफाओं के चित्र भी कुछ घटकर नहीं और तो और गुप्त-सिक्के भी अपनी दिशा में आप ही प्रमाण हैं।

गुप्त-साम्राज्य को हूणों ने तोड़ डाला। हूणों ने संसार के अनेक साम्राज्य तोड़े थे, अब गुप्तों का साम्राज्य तोड़ डाला। उनकी क्रूरता जगत् प्रसिद्ध थी, पर उनकी क्रूरता का बदला भी हिन्दुस्तान ने उसी तरह दिया, जिस तरह कभी अशोक ने सिकन्दर के हमले का दिया था। हूणों के अपने देश, चीन के कान्सू प्रान्त में बौद्ध पण्डितों ने, हूणों के घर में ही बुद्ध के शान्तिमय उपदेशों का प्रचार शुरू किया, जब वे हमारी सुनहरी सभ्यता का हमारे देश में सर्वनाश कर रहे थे। कान्सू में तानहुआंग नामक 469 गुफाओं में अजन्ता की नकल में चित्र बने हैं। यही भारतीय संस्कृति की विशेषताएँ या बुलन्दियाँ हैं—बदी का बदला कायर न होते हुए भी, नेकी से देना और दूसरों की संस्कृति को पचाकर सर्वथा अपना कर लेना। यह जितना गुप्तकाल में हुआ उतना शायद कभी और नहीं हुआ।

चीनी यात्री फाह्यान ने तभी के भारतीयों की सुरुचि, सुभाषा और सदाचार का

बखान किया है। पर एक बात जो इस सारी बुलन्दी पर कालिख पोत देती है, वह है उस समय का अछूतों के साथ बर्ताव। उनका आज का रूप शायद तभी खासकर बना। फाह्यान लिखता है कि वे नगर के बाहर रखे जाते थे और जब कभी शहर में जाते थे, उन्हें लकड़ियां बजाते जाना पड़ता था, जिससे सवर्ण हिन्दू हट जाएं और इनसे छू जाने से अपवित्र न हो जाएं। जिसने मनुस्मृति पढ़ी है, वह जानता है कि यह झूठ नहीं है। उस सुनहरे युग का सोना जितना चमकता है, अफसोस कि उसकी यह कालिमा भी उतनी ही चमकीली है।

गुप्तों के समय ही नालन्दा का वह विश्वविद्यालय शुरू हुआ जो हर्षवर्धन के समय संसार-भर में विख्यात हुआ। हुएनसांग लिखता है कि वहां दस हजार विद्यार्थी पढ़ते थे। और सौ विद्वान एक साथ विविध विषयों पर व्याख्यान देते थे। वहाँ दाखिला बड़ा कठिन था। एक से एक पण्डित-आचार्य पढ़ाने का काम करते थे। कुछ ही काल पहले भर्तृहरि हुआ था जिसकी पुस्तकें वहाँ पढ़ाई जाती थीं। उस नालन्दा के खण्डहर राजगिरि के पास खोद निकाले गए हैं। बाण और मयूर तो हर्ष के दरबारी कवि थे ही, स्वयं राजा भी बड़ा सफल नाटककार था। नागानन्द उसका प्रसिद्ध नाटक है।

कुछ ही काल बाद मालाबार के अचरज के मेधावी दार्शनिक शंकराचार्य ने बौद्धों से सफल लोहा लिया। उन्हीं के तर्क का उनके ही विरुद्ध प्रयोग किया। शैव धर्म को उनसे बड़ी शक्ति मिली। देश की दूर-दूर की सीमाओं पर शिव के मन्दिर और शैव मठ कायम हुए। कुमारिल ने भी तभी जैनियों से शास्त्रार्थ कर हिन्दू विश्वासों की जड़ मजबूत की।

8

कहा जा चुका है कि जब-जब हमारी संस्कृति का विदेशी संस्कृति से सम्बन्ध हुआ, तब-तब हमारी संस्कृति में नई जान आई। हूणों ने निश्चय ही इस देश में बड़ी बरबादियां कीं, पर इसमें भी कोई सन्देह नहीं कि उनको भी हमने हजम कर लिया। बल्कि केवल उन्हीं को नहीं दूसरी बाहर से आई जातियों को भी, क्योंकि हूणों के अलावा उस काल में गुर्जर आदि और भी जातियां यहाँ आई थीं। अहीरों ने तो शकों के जाने के साथ ही यहाँ अपने राज्य कायम किए थे। इन्हीं जातियों से हमारी राजपूत जातियों का उदय हुआ। गुर्जर, प्रतिहार, चौहान, परमार आदि चार राजपूत घरानों के लिए कहा भी जाता है कि उन्हें वसिष्ठ ने आबू पर्वत पर यज्ञ कर अग्नि से उत्पन्न किया, जिससे वे अग्नि-कुल के कहलाते हैं। लगता है कि एक बार जैसे पहले ब्राह्मणों ने क्षत्रियों के विरुद्ध शूद्रों से सांझा किया था वैसे ही फिर इन विदेशियों को नये क्षत्रिय बनाकर अपनी शक्ति बढ़ाई। उन्हें शुद्ध कर राजपूत बना लिया।

जो भी हो, हमें मालूम है कि इन राजपूतों का अपने इतिहास में कितना गौरवशाली स्थान है। हमारी धौंकनी से ढलकर विदेशी हमारी संस्कृति के महान रक्षक हुए। एक बार शक, कुषाण और शाही इसी प्रकार काबुल में राज्य स्थापित कर हमारे सिंह-द्वार की रक्षा करते रहे थे। फिर क्षत्रिय शाही जिन्होंने सदियों उत्तर से आने वाली जातियों से हमारी रक्षा की। जयपाल, आनन्दपाल उसी शाही वंश के थे, जिन्होंने महबूद गजनवी और उनके पिता से लोहा लिया। वे पहले विदेशी थे जो हमसे घुलमिलकर हमारे देश के सन्तरी हो गए थे। यही हाल हूणों, गूजरों आदि का भी हुआ। उन्होंने हमारे देश की वीरता की मूर्ति राजपूतों को अपनी काया से शिरजा; उनकी क्रूरता तपकर इस देश में राजपूतों की वीरता बन गई। राजपूतों के कार्य भारत के इतिहास में सोने के अक्षरों से लिखे जाने लायक हैं।

उनका संगठन कबीलों का था। कबीलों का एक सरदार होता था, सरदारों का एक राजा। युद्ध को ही इन्होंने अपना कर्तव्य माना और एक बार कुम्भा और सांगा के समय बड़ा साम्राज्य कायम किया। उनके पहले प्रतिहारों, चौहानों, परमारों, चालुक्यों, राष्ट्रकूटों आदि ने भी बड़े-बड़े राज्य कायम किए थे। सारा भारत, दक्खिन तक उनके अधिकार में हो गया था। परमारों की राजधानी पहले उज्जैन फिर धारा हुई। उस कुल के राजा मुंज और भोज विद्या के क्षेत्र में बड़े मशहूर हो गए हैं। बड़े-बड़े कवि और लेखक उनके दरबार में रहते थे। भोज ने तो स्वयं अनेक ग्रंथ लिखे थे।

राजपूतों के आरम्भकाल में बंगाल वालों ने भारतीय संस्कृति का बड़ा उपकार किया था। वे शूद्र और बौद्ध थे, भारत की निचली जातियों के प्रतिनिधि। उनके पहले राजा को जनता ने चुना भी था। उन्होंने तिब्बत में खासकर बौद्ध धर्म का प्रचार कराया। पाल-काल में तांबे-पीतल की सुन्दर मूर्तियां बनीं। पालों ने विक्रमशिला, नालन्दा आदि विद्यापीठों की धन से सहायता की।

पालों के बाद बंगाल के राजा सेन हुए। ये दक्खिन के ब्राह्मण थे। इन्हीं के अन्तिम राजा लक्ष्मणसेन का कवि जयदेव था, जिसके बराबर मधुर कवि संस्कृत में दूसरा नहीं। परन्तु जनता राजनीति से इतनी उदासीन हो गई थी कि जब बख्त्यार अपने इने-गिने सवारों को लिए नालन्दा को बरबाद करते हुए बिहार-बंगाल लांघते गौड़ पहुंचा तो किसी ने उसे नहीं रोका।

मुसलमानों की नई शक्ति की चोट चौहानों और गहड़वालों को सहनी पड़ी। वैसे तो अरब हर्ष के कुछ ही काल बाद सिंध को जीत उसमें जा बसे थे, पर उनसे इस देश का कुछ संघर्ष नहीं हुआ था, क्योंकि अरब जहाँ समता का प्रकाश लेकर गए, वहाँ वे उनसे सीखते और उन्हें सिखाते थे। सिंध में वे सदियों हिन्दू राजाओं के बीच रहे, पर न उन्होंने यहाँ वालों को हानि पहुंचाई, न यहाँ वालों ने उनको।

9

दक्खिन में आन्ध्रों के बाद अनेक राज्य कायम हुए, जिनमें कई पुराने भी थे—पाण्ड्य, चोल, केरल, पल्लव आदि। इन्होंने दीर्घ काल तक भारतीय संस्कृति को अपने रूप में ढाला। इनका भी विदेशियों से बड़ा सम्पर्क हुआ, पर व्यापार के सिलसिले में। मिस्र, रोम, काबुल, अरब से इनका बड़ा व्यापार चलता था, विशेषकर गरम मसाले और मोती का। इनके देश में धारासार सोना बरसता था। दक्खिन में रोम, मिस्र, अरब से अनेक लोग आकर बसे। बहुत पहले सीरिया से ईसाई आकर तभी बस गए थे, जब अभी यूरोप के देश ईसाई नहीं हुए थे। इसी तरह अपने धर्म की रक्षा के लिए ईरान से भागे पारसियों को भी भारत के पश्चिमी तट पर शरण मिली।

इन दक्खिनी राजाओं ने पत्थर की शिलाएं काटकर या ईंट-पत्थर के विशाल मन्दिर बनवाए। ये मन्दिर क्या हैं, नगर हैं। अनेक मन्दिर तंजोर, मदुरा आदि में बने। राष्ट्रकूटों ने भी अजन्ता की ही भांति एलोरा की गुफा और मन्दिर बनवाए थे, जिनमें शिव का कैलाश अद्‌भुत हुआ। उसी दक्खिन और पच्छिम में कन्हेरी, कार्ले, एलिफैंटा की गुफाएं भी खुदीं।

दक्खिन में भी उत्तर की भांति वैष्णव और शैव धर्म का विकास हुआ, पर यहाँ की सहिष्णुता दक्खिन में न निभ सकी। वैष्णव और शैव आपस में बराबर लड़ते रहे। यहाँ तक कि एक ही नगर कांची के दो भाग विष्णुकांची और शिवकांची बन गए। उत्तर में कालिदास, तुलसीदास आदि के कारण दोनों सम्प्रदायों में बड़ा सद्‌भाव बना रहा। कालिदास ने रघुवंश में रामकथा लिखी, पर उसे शुरू शिव-स्तुति से किया। ऐसे ही पीछे तुलसीदास ने किया। उत्तर भारत में यह सहिष्णुता खूब निभी। कारण कि गुप्तकाल से ही धर्मों का एक समत्व हो गया था। जिस प्रकार वहाँ की जनता ने विदेशी लोगों को पचा लिया था, उसी प्रकार मत-मतान्तरों को भी घुला-मिलाकर एक कर लिया। सब देवता सबके थे।

दक्खिन के वर्णधर्म ने भी भयानक रूप धारण किया। अछूतों की स्थिति दिन-पर-दिन खराब होती गई। उनकी छाया से भी सवर्ण हिन्दू भागने लगे। फिर एक दिशा में दक्खिनियों ने गजब की उन्नति की—गाँव की व्यवस्था में। उनके गाँव नगरों और राजधानियों से आजाद थे। वैसे तो भारत के सभी गाँवों में आत्मनिर्भरता थी, पर विशेषकर दक्खिन के गाँवों ने तो एक छोटा-मोटा प्रजातन्त्र ही कायम कर लिया। उनकी अपनी-अपनी जनता की अनेक समितियां थीं, जो कर उगाहकर राजा को देती थीं; कुओं-तालाबों, मन्दिरों तथा शिक्षा का प्रबन्ध करती थीं; खेत, सिंचाई आदि की व्यवस्था करती थीं। वास्तव में गाँव अपनी व्यवस्था में बिल्कुल आजाद थे।

उनके यहाँ भी उत्तर भारत की ही तरह श्रेष्ठी आदि बैंक का काम करते थे। अपने पास रखी हुई सम्पत्ति पर ऋण और ब्याज देना उनका काम था। अनेक लोग

भेड़-बकरियां और दूसरे मवेशी इन श्रेष्ठियों को इसलिए दे देते थे कि उनके नाम पर मन्दिरों में दिए जलवाते रहें। मवेशी मूलधन का काम करते थे और चूंकि वे सदियों कायम रहते थे, दीये जलवाते रहते थे। नये पैदा होने वाले मवेशी लाभ के जरिये बनते थे।

दसवीं-ग्यारहवीं सदियों में उत्तर-पूरबी भारत में बौद्ध और शाक्त धर्म का बोलबाल हुआ। पहले से ही लोग स्मृतियों की जकड़ से घबरा गए थे। वर्णधर्म कमजोर पड़ता जा रहा था; नीचे की जातियां अपनी भयंकर स्थिति से ऊपर उठने की कोशिश कर रही थीं; इससे कभी बौद्धों और भागवतों की संख्या उन्होंने बढ़ाई थी; अब वे तान्त्रिकों को बढ़ाने लगे, क्योंकि इन सभी ने छूतछात और जातपांत का टंटा उठा लिया था। बौद्ध और शक्तिपूजक, अपने विचारों और पूजा में अधिकतर एक-से थे। उन्होंने उस काल इन्द्रियों को उनके विषयों से हटाने की नहीं, भोग की मांग कर साधना करने की बात कही। उनके अनेक सिद्ध यह सब करके भी महात्मा बने रहे। पर साधारण लोगों के लिए तो ऐसा संभव न था। फिर तो भोग-विलास, शराब की धूम मच गई। उड़ीसा के कोणार्क, भुवनेश्वर और पुरी में तथा खजुराहो में जो मन्दिर बने, उन पर हजारों अश्लील मूर्तियां लगा दी गईं। समाज की स्थिति छिन्न-भिन्न हो गई।

10

मुसलमानों के पहले आने वाले विदेशी अधिकतर गंवार कहे जाते थे। न उनका अपना कोई धर्म था, न जीवन-दर्शन था, न कोई सामाजिक संगठन था। इससे देश का उन्हें पचा लेना आसान रहा था। पर इस्लाम अपने नये विचारों, नई मान्यताओं, समता के अपने आदर्शों को साथ लाया था। उसका खो जाना सम्भव न था; फिर वह तो लोगों को अपने आदर्शों में दीक्षित करना चाहता था। इससे वह हिन्दू-विश्वास में न समा सका। फिर हिन्दुओं की जात-पांतों, ऊंच-नीच, छुआछूत-भरे सामाजिक संगठन में वह समा भी कहाँ पाता? इससे न केवल राजनीतिक बल्कि सांस्कृतिक संघर्ष भी दोनों में चल पड़ा, जिसका नतीजा हालांकि अच्छा ही हुआ। भारत संस्कृतियों के सामंजस्य का विरोधी कभी नहीं रहा था। इस संघर्ष से भी उसे लाभ हुआ—नई विचारधाराएं, नये विश्वास, साहित्य, नये लिबास, नई-नई कलाएं, उसकी हुईं।

इस्लाम ने जहाँ हिन्दू सामाजिक संगठन को झकझोर दिया था, वहाँ उसने अपनी ओर से मनुष्य की समता और एकता का आदर्श भी सामने रखा। दोनों संस्कृतियों के संघर्ष और सम्मिलन से नये तत्त्वों का उदय हुआ और कबीर, नानक से उदार और पाखंड-विरोधी सन्तों ने साहस के साथ अन्धविश्वासियों को धिक्कारा।

उन्होंने हिन्दू-मुसलमान दोनों को फटकारा और उनमें एकता और भाई-चारे के बीज बोए। इस्लाम के साथ ही हमारे में एक नई आवाज आई थी, जो इस्लाम की कट्टरता के सर्वथा विरुद्ध थी। वह आवाज सूफी धर्म की थी। जन-जन में घट-घट व्यापी एक भगवान का वास, आपस में घने प्रेम का प्रचार, इन सूफियों का मकसद था। उनके सिद्धान्त स्वयं हमारे वेदान्त से प्रभावित थे और अब वे आप़ हमारे विश्वासों को प्रभावित करने लगे। कबीर और नानक के भारतीय परम्परा में रहते ही सूफी विचारों ने उन्हें प्रभावित किया। हिन्दू-मुस्लिम की एकता के सबसे सुन्दर नमूने कबीर और नानक थे, यद्यपि सूफी धर्म के विख्यात पंडित, अवधी के पहले प्रबन्ध-काव्य पद्मावत के कवि, मलिक मुहम्मद जायसी हुए। सूफियों के अतिरिक्त वैष्णवों में भी प्रेम-प्रचार की बड़ी गहरी लगन थी और रामकृष्ण को इष्ट मान उन्होंने प्रेम का घर-घर प्रचार किया। कबीर और नानक के अलावा दूसरे सन्तों में विख्यात चैतन्य, ज्ञानेश्वर, तुकाराम, सूरदास, मीरा आदि थे। उनसे पहले रामानुज ने अपने दर्शन के प्रचार के साथ-ही-साथ विष्णु की महिमा गाई थी। रामानन्द कबीर के गुरु थे, जिन्होंने साहस के साथ हिन्दू-मुसलमान दोनों को अपना चेला बनाया था। बाद में वल्लभ ने आनन्द-स्वरूप उस विष्णु की चर्चा की, जिनका सन्देश मधुर वाणी में सूर और मीरा गा उठे। अकबर के समय सन्त तुलसी ने समाज को एक नये सिरे से देखा और पारिवारिक सम्बन्ध को कर्तव्य की निष्ठा से फिर से संगठित करने के विचार से 'रामचरितमानस' में रामकथा को फिर से गाया। उसमें पिता-पुत्र, पति-पत्नी, भाई-भाई के परस्पर कर्तव्य की सहज चर्चा कर घर-घर नैतिकता का प्रचार किया। आज साढ़े तीन सौ सालों से उस महान् सन्त के दोहे-चौपाई विद्वान और गंवार दोनों की जबान पर हैं।

पठानों के शासन में जनता की संस्कृति में, जैसा ऊपर कहा जा चुका है, काफी फर्क पड़ा। अनेक इमारतों ने भी कला का मुख उज्ज्वल किया। नई, विदेशी, मध्य और पश्चिमी एशिया से आई शिल्प कला ने यहाँ की भवन-निर्माण की शैली में अपनी नई धारा जोड़ी। परन्तु फिरोजशाह तुगलक आदि ने जो देश में गुलामी-प्रथा का इतना विस्तार किया, वह कुछ कम भयानक न था। लाखों की तादाद में वे अभागे दिल्ली की सल्तनत को सिर पर उठाए हुए थे। फिरोजशाह ने जागीरदारी का नियम चलाकर भी प्रान्तों की जनता की काफी हानि की।

मुगलों का युग निश्चय ही समृद्धि का था। देश दूर तक एक शासन में आ गया था और औरंगजेब को छोड़ ज्यादातर बादशाह उदार थे। उस उदारता का मस्तक अकबर था, जिसने प्रजा को बराबर समझने में अशोक की नीति की याद ताजा कर दी। उसने हिन्दू, मुसलमान, ईसाई, पारसी सभी धर्मों के पंडितों को बुलाकर उनकी बहस सुनी और धार्मिक एकता के दर्शन पर विचार किया। सब धर्मों की अच्छाइयाँ इकट्ठी कर उसने अपने नये धर्म दीन-इलाही को संवारा। अफसोस, पंडितों की

जड़ता के कारण उसका प्रचार न हो सका। अकबर ने हिन्दू-मुसलमान, दोनों में प्रेम पैदा करने की बड़ी कोशिश की। दोनों में विवाह-सम्बन्ध स्थापित करने के भी प्रयत्न किए।

इस्लाम की दूसरी खूबी भारत को उर्दू की देन थी। खड़ी बोली का सही विकास उर्दू और हिन्दी के रूप में मूलतः उस नई शक्ति से ही हुआ। गुलाम बादशाह बलवन का समकालीन कवि अमीर खुसरो हिन्दी-उर्दू दोनों प्रकार की कविता का आदिकर्ता था। हिन्दी के भंडार में उर्दू के जरिये लाई बाहरी परम्पराओं की भी धारासार वर्षा हुई। हिन्दू-मुसलमान दोनों ने हिन्दी-उर्दू कलेवर को सजाया। खुसरो, जायसी, रहीम, बाजबहादुर, रस-खान, आलम वगैरह ने अपने लक्ष्य और गायन का उल्लास कविता में भरा। नई परम्परा शब्द और अर्थ के रूप में रीतिकाल के कवियों को भी प्रभावित करती रही। केशव, देव, बिहारी, मतिराम, भूषण सभी पर वह प्रभाव पड़ा और उस प्रभाव से वे शक्तिमान बने। उर्दू तो हिन्दू-मुसलमान दोनों की बनाई बड़ी प्यारी सम्पदा है।

राजपूत अकबर की नई नीति के अधिकतर कायल हो गए थे, उससे मुगल सल्तनत की नींव मजबूत हुई। मगर मेवाड़ ने अकबर के सामने भी अपनी आजादी कायम रखने की जी-जान से कोशिश की। यद्यपि उसे उस आजादी की बड़ी कीमत चुकानी पड़ी। चित्तौड़गढ़ बरबाद हो गया और राणा प्रताप को पच्चीस वर्ष, मरने तक, दूर-दूर की खाक छाननी पड़ी। पर प्रताप और उसके मेवाड़ ने आजादी के लिए बलिदान का चमकता आदर्श समाज के सामने रखा। और आज भी स्वतन्त्रता के प्रेमी हल्दी घाटी, चित्तौड़ और राणा की कसमें खाते हैं। उसी आजादी की परम्परा को दूसरे तरीके से कट्टर मुगल शहंशाह औरंगजेब से लड़कर शिवाजी ने बढ़ाया। शिवाजी ने अपढ़-गरीब मराठे किसानों को राष्ट्र के रूप में संगठित कर, देश में एक बड़ी शक्ति बना ली। पहली बार उस राष्ट्र का संचालन मन्त्रियों की सलाह से उस काल में होने लगा।

मुगलों का युग भारतीय कला की उन्नति का युग था। उन्होंने जो हमें लिबास दिया, वही हमारा राष्ट्रीय लिबास बना। चित्रकला की अकबर और जहांगीर के समय गजब की उन्नति हुई। मुगल कलम चित्रकारी की सफाई और बारीकी दुनिया में अपना सानी नहीं रखती। राजस्थानी और रागिनी चित्र भी तब बड़ी संख्या में राजस्थान में बनते थे। रागिनी चित्रों ने तो संगीत के रागों और रागिनियों को भी रूप-दान दिया। कुछ ही समय बाद औरंगजेब की बेरुखी से दिल्ली-आगरे के चित्रकार संरक्षा के अभाव में बिखर गए। परन्तु जहाँ-जहाँ वे गए, वहाँ उन्होंने चित्र-शैली की नई बेलें लगाईं, जो काफी फली-फूलीं। उनमें पहाड़ी कलम विशेष उल्लेखनीय है, जो कई रेखाओं में विकसित हुई। इसी प्रकार मुगलों के कुछ पहले से हैदराबाद में दक्खिनी कलम के चित्र बनने लगे थे। गुजरात में प्राचीन काल से

जैनों से प्रभावित एक ही चित्र-परम्परा चली आती थी, जिसकी धारा ने शुरू में राजस्थानी और दक्खिनी कलमों को सींचा।

इमारतों के निर्माण में मुगलों ने जो तत्परता दिखाई वह असाधारण थी। किले, मस्जिदें, इमामबाड़े ऐसे बने कि उनकी तारीफ नहीं की जा सकती। दिल्ली और आगरा के किले मशहूर हैं ही, वहाँ की जामा मस्जिद और मोती मस्जिद भी खूबसूरती का नमूना है। परन्तु इमारतों की खूबसूरती में जो स्थान शाहजहां के बनवाए आगरा के ताजमहल का है, वह दुनिया की किसी इमारत का नहीं। ताज इसीलिए संसार के आश्चर्यों में गिना जाता है।

मुसलमान, विशेषकर मुगल बादशाहों के प्रोत्साहन से देश की संगीत-कला भी खूब फली-फूली। प्राचीन राग-रागिनियों में नये सुर और ताल जा मिले। ख्याल, ठुमरी, दादरा, गजल आदि संगीत की मधुरता बढ़ाने लगे। ध्रुपद का लासानी कलावन्त, तानसेन अकबर के नौ रत्नों में था।

11

अठारहवीं सदी से यूरोपीय सभ्यता का कुछ-कुछ आभास हिन्दुस्तानियों को मिलने लगा। बहुत पहले भी यूरोपीय समुद्र की राह आकर दक्खिनी-पश्चिमी हिन्दुस्तान में बस गए थे। पर हमारी संस्कृति पर उनका इतना असर न पड़ा, जितना अंग्रेजों का। अंग्रेजों के इस दूरगामी प्रभाव का कारण विशेषतः यह था कि वे हमारे मुल्क पर डेढ़ सौ साल तक राज्य करते रहे थे। विजेता के रूप में अब तक जो लोग इस मुल्क में आए थे; यहीं बस गए थे, पर अंग्रेज यहाँ बस न सके और सात समुद्र पार से हम पर राज्य करते रहे। इसका नतीजा यह हुआ कि उनको हिन्दुस्तान से कोई दिलचस्पी न रही, सिवाय उसका धन लूटकर समुद्र पार ले जाने के। उन्होंने औद्योगिक क्रान्ति से होने वाली अपनी मिलों के माल की उपज की खपत के लिए इस देश को बाजार बनाया और यहाँ के उद्योग-धन्धे, जो जमाने से चले आते थे, बन्द करा दिए। कारीगरों के अंगूठे और हाथ तक कटवा दिए। कारीगर बेकार हो गए। अपने शासन के लिए क्लर्क तैयार करने के लिए उन्होंने यहाँ विश्वविद्यालय खोले और माल और फौज ढोने के लिए रेल चलाई। पर हमारी संस्कृति की पुरानी रीति ने फिर अपना रूप दिखाया और आगे एक मंजिल और सर कर ली। नई संस्कृति से उसने अपने लाभ की बहुत-सी बातें सीख लीं। विश्वविद्यालयों में जो अंग्रेजी का अध्ययन शुरू हुआ तो उससे शिक्षा, साहित्य और विज्ञान पर बड़ा गहरा असर पड़ा। हिन्दुस्तान के सारे प्रान्तीय साहित्यों ने यूरोप की साहित्यिक शैलियाँ अपनाईं और प्रगति की। काव्य, नाटक, उपन्यास, कहानी, निबन्ध, आलोचना सभी पर अंग्रेजी का गहरा असर पड़ा। पश्चिमी दर्शन और विज्ञान भी नये सिरे से पढ़े

जाने लगे। यूरोपीय विद्वानों ने अपनी खोज और परिश्रम से हमारे प्राचीन साहित्य को पढ़कर और जमीन खोदकर हमारे इतिहास और संस्कृति पर प्रकाश डाला। रवीन्द्रनाथ और गाँधी हमारी संस्कृति की जितनी उपज थे, उतनी ही यूरोपीय संस्कृति के भी। इस देश का भी थोड़ा-बहुत औद्योगीकरण हुआ, जिससे अनेक मिलें खुलीं, देश की आबादी बड़ी संख्या में शहरों में पहुंची और मजदूरों के हकों की मांग हुई। कारखानों के मजदूरों का संगठन कई प्रकार की यूनियनों में हुआ। मार्क्सवाद का प्रचार जोर पकड़ चला। आजादी की लड़ाई भी चल पड़ी। पहले अनेक उदार, धार्मिक, प्रगतिशील सुधारक आन्दोलन चले; फिर राजनीतिक। राजा राममोहनराय और ईश्वरचन्द्र विद्यासागर ने समाज की कुरीतियों का विरोध किया; ब्रह्म-समाज ने उपनिषदों और अंग्रेजी संस्कृति का एक प्रकार से समन्वय समाज के सामने रखा; स्वामी दयानन्द ने अनेक सुधारों के लिए आर्य-समाज की स्थापना की।

सन् अठारह सौ सत्तावन से ही आजादी की लहर देश में बह चली थी। वह धीरे-धीरे तूफान बनी। कांग्रेस के आंदोलन ने पहले अहिंसा और सत्य के रूप में असहयोग आंदोलन का देशव्यापी संगठन किया। फिर कई प्रकार से स्वतन्त्रता की लड़ाई लड़ी जाने लगी। अंत में 15 अगस्त, सन् 1947 को देश आजाद हुआ। परन्तु इसके साथ ही देश का बंटवारा हुआ और देश दो भागों में बंट गया—पाकिस्तान और भारत या हिन्दुस्तान। हम सब आज स्वतन्त्र भारत के नागरिक हैं।

देश की स्वतन्त्रता के बाद भारतीय संस्कृति का विकास बहुत सुनिश्चित ढंग से किया जाने लगा है। डेढ़ शताब्दी तक भारत पर ब्रिटेन का शासन रहने और उससे पूर्व मुगल काल के कारण भारतीय संस्कृति का स्वरूप काफी बदल चुका था और हमने बाहरी सभ्यता और संस्कृति को अपने जीवन का अंग बना लिया था। इस कारण हम अपनी स्वदेशी संस्कृति और सभ्यता को भुलाते जा रहे थे, परन्तु स्वतंत्रता के बाद भारतीय संस्कृति में पुनः प्राण-प्रतिष्ठा के यत्न किये गए।

भारतीय संस्कृति के विकास के लिए अकादेमियों की स्थापना की गई। इनमें संगीत नाटक अकादेमी का सबसे अधिक योगदान रहा। संगीत नाटक अकादेमी ने जहाँ शास्त्रीय संगीत और नृत्य की प्राचीन परम्पराओं को स्थिर और उन्हें पुष्ट करने का यत्न किया, वहाँ भारतीय लोक संगीत और लोक नाट्य को भी पुनर्जीवित करने के प्रयत्न किये। आज प्रायः सभी भारतीय प्रदेशों के सांस्कृतिक विस्तार क्षेत्र में इन अकादेमियों का बड़ा हाथ है। ये अकादेमियां वर्ष में अनेक अवसरों पर सांस्कृतिक आयोजन ही नहीं करतीं, नृत्य संगीत के क्षेत्र में कलाकारों को प्रोत्साहन भी देती हैं। उन्हें प्रतिवर्ष पुरस्कृत ही नहीं किया जाता, वरन् इन कलाओं की समृद्धि के लिए कार्य करने वाली स्वतंत्र संस्थाओं को वित्तीय सहायता भी दी जाती है। इस प्रकार की संस्थाओं और कलाकारों का जाल सारे देश में फैला है। कोई भी प्रदेश ऐसा नहीं जो इन गतिविधियों से अछूता हो। प्रत्येक प्रदेश ने अपनी प्राचीन संस्कृति को

जीवित रखने और उसका स्वरूप निखारने का पूरा प्रयत्न किया है। कश्मीर से लेकर धुर-दक्षिण के कन्याकुमारी क्षेत्र तक संगीतज्ञ, नर्तक और नाटककार अपना सानी नहीं रखते। जहाँ इन संस्थाओं ने शास्त्रीय और संगीत को परवान चढ़ाया है, वहाँ लोक संगीत और लोकनृत्य को भी जीवित रखने के प्रयत्न जारी हैं—और यह आवश्यक भी है, क्योंकि सारा भारत न तो बड़े नगरों में बसता है और न उसे प्रतिदिन की नागरिक सभ्यता से वास्ता पड़ता है। हमारे देहात में बसने वाले किसानों, शिल्पकारों और आदिवासयों की संस्कृति के प्रतीक उनके लोक-नृत्य और उनका अपना संगीत है। आज उसे भी सुरक्षित रखने का प्रयास किया जा रहा है। विशेष अवसरों पर होने वाले समारोह इसके प्रमाण हैं—जहाँ सारे भारत के कलाकार इकट्ठे होकर अपनी चिरपरिचित वेशभूषा में अपनी कला का प्रदर्शन करते हैं।

संगीत और नृत्य संस्कृति के अभिन्न अंग हैं। स्वतंत्रता के बाद इनमें लोगों की रुचि इतनी बढ़ी और विकसित हुई कि आज अच्छे परिवारों की सुशिक्षित महिलाएं संगीत और नृत्य में रुचि ही नहीं ले रहीं, वरन् इस क्षेत्र में बहुत आगे हैं—जबकि कोई जमाना था कि उच्च कुलों की शिक्षित महिलाएं नृत्य के क्षेत्र में आने से कतराती थीं और यह कार्य केवल गायिका-गणिकाओं का माना जाता था। आज साराभाई जैसे उच्च परिवार की कन्याएं भरतनाट्यम, ओडिसी, कथकली आदि शास्त्रीय नृत्यों में प्रवीणता प्रदर्शित कर चुकी हैं और उन्होंने विश्व भर में भारतीय शास्त्रीय नृत्य को लोकप्रिय बनाया है। आज इनका नाम बड़े सम्मान से लिया जाता है।

इसी प्रकार संगीत के क्षेत्र में भी बहुत प्रगति हुई है। हिन्दुस्तानी संगीत प्रगति ही नहीं कर रहा, वरन् विश्व भर में लोकप्रिय हो रहा है।

वोकल और वाद्य संगीत को बढ़ावा देने में अकादेमी आदि संस्थाओं के अतिरिक्त आकाशवाणी और दूरदर्शन ने भी महत्त्वपूर्ण योग दिया है और अनेक नये कलाकरों को प्रोत्साहन देकर आगे बढ़ाया है।

भारतीय नर्तकों में कुछ नाम तो ऐसे हैं जिनसे प्रायः सभी परिचित हैं। भारतीय नृत्य को सार्वभौम परिचय उदयशंकर ने दिया। उसे नया आयाम भी दिया। उसी प्रकार रविशंकर से पूर्व सितार से पश्चिम का परिचय नहीं के बराबर था। रविशंकर ने सितार के प्रति ऐसा मोह पैदा कर दिया है जिसे जानकर आश्चर्य होता है। सितार और रविशंकर पर्यायवाची बन गये हैं।

भारतीय कला संस्कृति के क्षेत्र में प्रगति का सेहरा विभिन्न महोत्सवों को भी जाता है। महोत्सवों की प्रथा आज की नहीं है। ओलम्पिक के रूप में बहुत पुरानी है। परन्तु अब इसमें कुछ नये आयाम जुड़े हैं क्योंकि इस युग में कोई भी देश अलग-थलग नहीं रह सकता। इसलिए अपनी कला और संस्कृति का परिचय देने के लिए विभिन्न देशों में वहाँ की सरकारें सांस्कृतिक महोत्सवों का आयोजन करती हैं। विकासशील देश होने के बावजूद भारत अपनी कला और संस्कृति के प्रचार-प्रसार

के लिए सदा प्रयत्नशील रहता है। वस्तुतः संस्कृति और कला के महत्त्व को ध्यान में रख प्रायः सभी सरकारें अपने देश में संस्कृति मंत्रालय स्थापित करती हैं। इनका काम सांस्कृतिक आदान-प्रदान करना होता है, जिससे दूर-दराज के देश एक-दूसरे को निकट से समझने का यत्न करते हैं। इनके माध्यम से सांस्कृतिक शिष्ट मण्डल एक देश से दूसरे देश जाते हैं। इनसे आपसी सद्‌भावना और भाई-चारा बढ़ता है, जो आज के तनाव युक्त वातावरण के लिए आवश्यक है।

कला और संस्कृति के विकास तथा प्रचार-प्रसार में खेलों का योगदान भी काफी महत्त्वपूर्ण है। आप इसी बात से अनुमान लगा सकते हैं कि ओलंपिक खेल ई. पू. 766 में आरंभ हुए थे और बीच में कुछ समय न हो सकने के बाद आज तक नियमित रूप से हो रहे हैं। खेलकूद संस्कृति का एक महत्त्वपूर्ण भाग है, इससे कोई भी इन्कार नहीं कर सकता।

संस्कृति और कला के प्रसार में फिल्में भी अपना महत्त्व निभाती हैं। भारत फिल्म निर्माण के क्षेत्र में काफी आगे है।

परम्परा : कुछ विचार, कुछ प्रश्न

श्यामाचरण दुबे

समाज की जड़ें अतीत में होती हैं, वह वर्तमान में जीता है और भविष्य उस के लिए चिन्ता और प्रावधान का विषय होता है। परम्पराएँ अतीत को वर्तमान और वर्तमान को भविष्य से जोड़ती हैं। उनके माध्यम से सामाजिक जीवन को निरन्तरता मिलती है और उसका स्वरूप निर्धारित होता है। परम्पराएँ हर समाज और उसके भिन्न समुदायों और समूहों की आत्म-छवि का अविभाज्य अंग होती हैं और जीवन के अनेक क्षेत्रों में उनका दिशा-निर्देश करती हैं। परम्पराओं का मूल्य केवल प्रतीकात्मक नहीं होता, उनसे महत्वपूर्ण प्रकार्य जुड़े होते हैं—वे समाज के समाकलन में सहायक होती हैं और उसे आस्था का आधार देकर जीवन के लक्ष्य और मूल्य निर्धारित करती हैं। दुनिया में शायद ही कोई ऐसा समाज हो, जो पूरी तरह से अपनी परम्पराओं से कटा हो।

परम्पराएँ जब तेजी से विशृंखलित होती हैं तब समाज की जातीय अस्मिता का ह्रास होने लगता है और धीरे-धीरे स्थिति इतनी बिगड़ती है कि समाज अपने अस्तित्व की आहटें सुनने में असमर्थ हो जाता है। विज्ञान और प्रविधि की आँधियों ने कई समाजों को नई गति और दिशा देकर उनके ढाँचे को ही बदल दिया, किन्तु विवेक और विचार के क्षणों में ये समाज भी सोचते हैं कि उन्होंने क्या पाया और क्या खोया। जड़ों की तलाश उन्हें एक बार फिर परम्परा की ओर आकर्षित करती है। आधुनिकता का सम्मोहन समाज को पूरी तरह परम्परामुक्त नहीं करता। परम्परा का एक अंश उनमें जीवित रहता है और अपनी सांस्कृतिक अस्मिता को बचाए रखने के लिए वे प्रयत्नपूर्वक अपनी परम्परा के कुछ पक्षों को पुष्ट और सुदृढ़ करते हैं।

क्रान्तिकारी समाज भी अपनी सांस्कृतिक धरोहर की रक्षा बड़े सजग भाव से करते हैं। सोवियत क्रान्ति ने बहुत कुछ बदला, पर लेनिन की सांस्कृतिक नीति ने प्रयत्न किया कि देश की विभिन्न संस्कृतियों की विशेषताएँ विनष्ट न हों। उनकी नीति ने संस्कृतियों के सह-अस्तित्व को सम्भव बनाया और परम्पराओं की नई मर्यादाएँ निर्धारित कीं। चीन ने अनिर्णय की स्थिति में कुछ वर्ष 'सांस्कृतिक क्रान्ति'

का खतरनाक खेल अवश्य खेला, पर शीघ्र ही इस आन्दोलन की शक्ति क्षीण हो गई और परम्परा के कुछ अंग चीनी समाज में पुनः प्रतिष्ठित हो गए। दूसरे महायुद्ध के बाद विश्व के विकासशील देशों ने नियोजित विकास और आधुनिकीकरण का रास्ता अपनाया, पर दो दशकों के भीतर ही परम्परा ने अपनी निहित शक्ति का प्रदर्शन कर अनेक जातीय (एथनिक) आन्दोलनों को जन्म दे दिया। ये आन्दोलन जंगल की आग की गति से संसार-भर में फैल गए। उनके वेग और गति ने मानव-समाज के ढाँचे को हिला दिया। जातीय अस्मिता की स्वीकृति आज अस्तित्व की अनिवार्य शर्त बन गई है। सामाजिक विचारकों और विश्लेषकों ने अब परम्परा और आधुनिकीकरण को दो विपरीत ध्रुवों के रूप में देखना छोड़ दिया है। एक की प्राप्ति के लिए दूसरे को नष्ट करना आवश्यक नहीं है। दोनों में पूरक समीकरण स्थापित किए जा सकते हैं और परम्परा की ऊर्जा नव-निर्माण में सहयोगी हो सकती है। जातीय सृजनात्मकता विकास का शक्तिशाली साधन है और परम्परा के ह्रास को भी क्षीण करता है।

परम्परा के प्रति अनुराग समसामयिक समाज की नई खोज नहीं है। इतिहास उन अनेक प्रवृत्तियों का साक्षी है जो परम्परा से जुड़ी हैं और जिनका प्रसार-क्षेत्र विश्वव्यापी है।

पहली प्रवृत्ति देशजीकरण की है जिसके अन्तर्गत बाह्य सांस्कृतिक तत्वों, प्रथाओं और मूल्यों का उन्मूलन किया जाता है। प्रयत्न यह होता है कि इस प्रक्रिया से परम्परा अपने मूल रूप को प्राप्त कर ले। मानव-विज्ञान के विद्यार्थी इस प्रवृत्ति के एक अतिवादी रूप से भली-भाँति परिचित हैं, जिसे अंग्रेजी में 'मिलेनेरिइज्म' की संज्ञा दी गई है और जिसे हम नव-भविष्यवाद कह सकते हैं। इस प्रवृत्ति की दो अपेक्षाएँ होती हैं—अदेशज तत्वों का विनाश और नए युगपुरुष—एक मसीहा—की प्रतीक्षा। यह युगपुरुष शुद्ध देशज व्यवस्था के अन्तर्गत समाज के प्रत्येक सदस्य के लिए सुख और समृद्धि के द्वार खोल देगा। कावा कल्टस या कार्गो कल्टस के नाम से जाने जानेवाले आन्दोलनों में, जिनके उदाहरण कई द्वीपों में बसनेवाले समूहों में मिलते हैं, बाह्य तत्वों का व्यवस्थित ढंग से उन्मूलन किया गया और नए मसीहा के स्वागत की तैयारियाँ की गईं। यह अलग बात है कि मसीहा नहीं आया। आंशिक देशजीकरण के प्रयत्न भिन्न युगों और समाजों में होते आए हैं और आज भी हो रहे हैं। पुनरुत्थानवाद की प्रवृत्ति इसी श्रेणी की है। इसमें प्रयत्न यह होता है कि परम्परागत मूल्य, व्यवहार, प्रकार और सामाजिक गठन के रूप में पुनः प्रतिष्ठित किए जाएँ, जिससे समाज अपनी खोई हुई प्राचीन गरिमा फिर पा सके।

दूसरी विपरीत प्रवृत्ति—जीवनीकरण—के भी अनेक उदाहरण संसार के विभिन्न भागों में मिलते हैं। इसके अन्तर्गत परम्परा को नई जीवनी शक्ति देने के लिए बाह्य सांस्कृतिक तत्वों का स्वागत किया जाता है। परम्परा इन्हें आत्मसात् कर

अपनी ऊर्जा बढ़ाने का प्रयत्न करती है। वैसे तो संसार के प्रत्येक समाज ने पर-सांस्कृतिक प्रभाव थोड़ी या अधिक मात्रा में ग्रहण किए हैं, किन्तु कुछ समाजों ने सजग रूप से प्रयत्नपूर्वक उन्हें अपनाने के प्रयत्न किए हैं। आधुनिक जापान इसका एक अच्छा उदाहरण है। चीन ने जो नया मोड़ पिछले दशक में लिया है, उसमें भी यह प्रवृत्ति लक्षित होती है। इस सन्दर्भ में यह स्मरण रखना आवश्यक है कि नए तत्वों का चुनाव समाज स्वयं करता है और उसकी परम्परा के अनेक पक्ष उस समय तक पूर्ववत् ही बने रहते हैं जब तक नए तत्वों का रंग उन पर नहीं चढ़ता।

तीसरी प्रवृत्ति पुनर्व्याख्या की है। इसमें नए तत्वों को पुराने ढाँचे के सन्दर्भ में देखा जाता है और उन्हें न्यायसंगत ठहराया जाता है। या पुराने तत्वों को नए ढाँचे में परखकर उनके न्यायोचित होने का निर्णय किया जाता है। नाभिकीय विस्फोटों को ब्रह्म-अस्त्र अथवा अग्नि-अस्त्र के समकक्ष समझना या गोबर में डी. डी.टी. के गुण देखना इस प्रवृत्ति के उदाहरण हैं। इस प्रवृत्ति का प्रसार भी काफी व्यापक है।

चौथी प्रवृत्ति जातीय भावना के उदय की है। इसकी प्रेरणा प्रजाति, भाषा, धर्म या संस्कृति या उनमें से किन्हीं दो या अधिक तत्वों के मिले-जुले योग से होती है। अन्तर्निहित रूप में यह प्रवृत्ति आदिम काल से अपनी शक्ति जताती रही है, किन्तु पिछले दो दशकों में इसका जबरदस्त राजनीतिकरण हुआ है, जिससे एक विस्फोटक स्थिति निर्मित हो गई है। जातीय भावना की पृष्ठभूमि में परम्परा की भूमिका महत्वपूर्ण होती है।

अन्तिम प्रवृत्ति मूल तत्वों की ओर वापसी की है। धार्मिक भावना ने इस प्रवृत्ति को बढ़ावा दिया है, पर इसमें भी परम्परा धर्म के साथ कदम मिलाकर चलती है। इस्लाम, ईसाइयत, बौद्ध धर्म और सिख धर्म में यह प्रवृत्ति शक्तिशाली ढंग से लक्षित हुई है। अपने-आपको सहनशील माननेवाले हिन्दू धर्म में भी इसके लक्षण स्पष्ट दिखाई पड़ते हैं। परिणाम जो भी हो, आज के सन्दर्भ में इस प्रवृत्ति के नकारात्मक और सकारात्मक पक्षों को अनदेखा नहीं किया जा सकता।

स्पष्ट है कि अनेक समसामयिक विचार-प्रक्रियाएँ और सामाजिक प्रक्रियाएँ परम्परा द्वारा पोषित और प्रभावित हैं। परम्परा को रूढ़ियों का अर्थ समुच्चय नहीं माना जा सकता। परम्परा पर पुनर्विचार आज के सन्दर्भ में आवश्यक हो गया है।

परम्परा की लोकव्यापी स्वीकृति के बाद भी इस अवधारणा की कोई सर्वसम्मत व्याख्या नहीं है। व्याख्या के प्रयत्न हमें अनेक प्रकार की उलझनों में डाल देते हैं।

परम्परा और संस्कृति पर्यायवाची शब्द नहीं हैं, हालाँकि सामान्य व्यवहार में दोनों का प्रयोग एक ही अर्थ को ध्वनित करने के लिए कर लिया जाता है। संस्कृति

अधिक व्यापक अवधारणा है, परम्पराएँ उसकी अपेक्षाकृत दीर्घजीवी धाराएँ और उपधाराएँ होती हैं। परम्पराएँ किसी भी संस्कृति की बुनावट के लिए आवश्यक हैं, किन्तु केवल उनसे ही पूरी संस्कृति को नहीं समझा जा सकता।

परम्पराएँ जातीय स्मृति का अंग होती हैं, किन्तु उनका चुनाव समाज स्वयं जीवन के बदलते सन्दर्भों और तात्कालिक आवश्यकताओं को ध्यान में रखकर करता है। नई व्याख्याएँ उनके आयाम बदल देती हैं। विशेष स्थितियों में जातीय विस्मृति भी आवश्यक हो जाती है। ऐसे भी उदाहरण हैं कि पुरानी परम्पराएँ भुला दी गईं और उनके स्थान पर नई परम्पराएँ गढ़ी गईं।

एकवचन परम्परा शब्द का प्रयोग भी भ्रामक है। छोटे-छोटे कबीलों में भी स्थान, गोत्र और वंश के आधार पर परम्पराओं में अन्तर पाया जाता है। संश्लिष्ट और जटिल संरचना की संस्कृतियों में परम्पराओं के भेद और भी महत्वपूर्ण होते हैं। स्थानीय, क्षेत्रीय और राष्ट्रीय सन्दर्भों में उनके रूप भिन्न होते हैं। उनमें निश्चित अन्तःसम्बन्ध होते हैं, पर प्रत्येक की अलग पहचान भी सम्भव होती है। जीवन के अनेक पक्षों और सृजनात्मक कलाओं में समानान्तर परम्पराएँ सम्भव हैं और बड़े समाजों में उनकी उपस्थिति अनिवार्य होती है। भारत के अधिकांश भाग में पितृ-सत्ता है, किन्तु कई समूह ऐसे भी हैं जिनमें मातृ-सत्ता है। विवाह के भी अनेक स्वरूप और प्रकार हैं। थोड़े-से समूहों में बहुपतित्व स्वीकृत है, बहुतों में बहुपत्नीत्व। अन्तर्विवाही और बर्हिविवाही समूहों के परिसीमन के आधार भी भिन्न हैं। दक्षिण भारत में कुछ समूहों में मामा और भांजी के विवाह का निषेध नहीं है, ऐसे विवाह पूरी तरह से समाज-स्वीकृत होते हैं। शेष भागों में ऐसे विवाह निषिद्ध हैं। साहित्य तथा रूपंकर और प्रदर्शनकारी कलाओं में भी एक से अधिक परम्पराएँ होती हैं, जो प्रायः सह-अस्तित्व की आधारभूमि खोज लेती हैं। वैचारिक परम्पराएँ जितनी अधिक होंगी, वैचारिक संस्कृति उतनी ही अधिक समृद्ध होगी।

परम्परा के सम्बन्ध में सबसे बड़ी भ्रान्ति उसे जड़ और अपरिवर्तनशील मानना है। परम्पराएँ सामाजिक विकास या ह्रास से असम्पृक्त नहीं होतीं और इन प्रक्रियाओं से उनके रूप में भी परिवर्तन होते हैं। भिन्न परम्पराओं में पारस्परिक आदान-प्रदान होता है। नए सन्दर्भ उन्हें नए अर्थ देते हैं। परम्पराएँ स्वयं ही समय-समय पर अपना मूल्यांकन कर अपनी दिशा बदलती हैं। परम्परा की इस आन्तरिक गतिशीलता को स्वीकार किए बिना हम न उसके स्वरूप को समझ सकते हैं, न उसकी भूमिका को।

परम्परा न मिथक होती है, न इतिहास। दोनों के तत्व उसमें घुले-मिले होते हैं। अनुभवजन्य तथ्य भी उसके स्वरूप को प्रभावित करते हैं। उसका अति-मिथकीकरण तथा उसमें अति-रहस्यमयता का निवेश उसके रूप को विकृत करता है और उसकी सच्ची समझ में बाधक होता है।

परम्परा निःसन्देह सामाजिक ऊर्जा का एक सशक्त स्रोत है, किन्तु व्यक्ति और समूह केवल उसके सहारे नहीं जी सकते। निर्णय की प्रक्रिया में वे अपने आन्तरिक विवेक का सहारा भी लेते हैं और दूसरों के विचार-सम्प्रेषण से भी प्रभावित होते हैं। इस तरह सामाजिक प्रक्रियाएँ परम्परा-निर्देशित होती हैं, आन्तरिक विवेक-निर्देशित और बाह्य-निर्देशित भी। भिन्न-भिन्न समाजों में इन निर्देशनों का अनुपात अलग हो सकता है पर उसमें किसी एक प्रकार के निर्देशन का एकाधिकार नहीं होता। परम्परा के विकल्प थोड़ी या अधिक मात्रा में हर समाज में पाए जाते हैं।

परम्पराएँ स्वनिर्णय से बदलती हैं। वे स्थितिजन्य समझौते भी करती हैं। शक्ति प्रयोग भी उन्हें बदल सकता है, किन्तु इस स्थिति में उनमें तीव्र विपरीत प्रतिक्रिया भी सम्भव है। बाह्य दबाव से लाए गए परिवर्तन उन्हें आन्तरिक रूप से स्वीकार नहीं होते। ऐसी स्थिति में परम्पराएँ जातीय अस्मिता से जुड़ जाती हैं। परम्पराओं की रक्षा का प्रश्न जातीय अस्मिता की रक्षा का प्रश्न बन जाता है।

परम्परा के महत्व को स्वीकारते हुए भी समय-समय पर, विशेषकर संक्रमण की स्थितियों में, उसका अरहस्यीकरण करना आवश्यक है। यह कोई नया और क्रान्तिकारी विचार नहीं है, जाने-अनजाने सभी समाज ऐसा करते आए हैं। रोमिला थापर ने कहा है कि ''इतिहासकारों को समय-समय पर रुककर स्थिति का जायजा लेना चाहिए...। उन्हें पूछना चाहिए कि वह, जिसे हम परम्परा के रूप में स्वीकार करते हैं, इस रूप में स्वीकारे जाने योग्य है भी या नहीं...। विविधताओंवाला समाज जब अपने-आप के लिए एकरूप सांस्कृतिक परम्परा का निर्माण करता है तब इस प्रक्रिया में ऐतिहासिक तथ्यों की तोड़-मरोड़ हो सकती है। परम्पराएँ स्वयं निर्मित नहीं होतीं, सचेत रूप से उनका चुनाव किया जाता है। अतीत के विपुल खजाने से हम वही चुनते हैं जो हमारी वर्तमान आवश्यकताओं के अनुकूल होता है...।'' (कुरेशी स्मारक भाषण से वाक्यांश का स्वतन्त्र अनुवाद) सहज विवेक और सच्ची इतिहास-दृष्टि का आग्रह है कि सामाजिक मोड़ की स्थितियों में परम्परा का मूल्यांकन किया जाए और समय की माँग के अनुकूल उसमें परिवर्तन की दिशा निर्धारित की जाए। परम्परा की जड़ता उसे अनुपयुक्त बनाती है और समाज की स्वाभाविक गतिशीलता को मन्द करती है। उसकी अन्ध, विवेकहीन भक्ति एक साधन के रूप में उसकी शक्ति को सीमित और क्षीण करती है। जरूरी है कि परम्परा साधन ही बनी रहे, पूजा की वस्तु न बने। मानव समाज अपने आप को परम्परा की रक्षा के लिए समर्पित नहीं कर सकता।

व्याख्या की उलझनों और जीवन की माँगों को ध्यान में रखकर हम भारतीय परम्परा का ऐसा विवेकसम्मत प्रतिरूप कैसे विकसित करें जो इतिहास-दृष्टि को स्वीकृत हो और सामाजिक गतिरोध का कारण न बने?

भारतीय परम्परा को वेद, पुराण और शास्त्रों से जोड़ने की प्रवृत्ति सशक्त रही है और हम आज भी उसके सम्मोहन से मुक्त नहीं हो सके हैं। इन महान् ग्रन्थों को हम मानव-सभ्यता की उल्लेखनीय उपलब्धियाँ मानते हैं, जो वे निःसन्देह हैं। उनके सम्बन्ध में प्रश्न दूसरा है। क्या वे अपने समय का भी सही चित्रण करते हैं? वे आदर्श समाज को प्रक्षेपित करते हैं या जीवित समाज का वर्णन करते हैं? क्या पूरा भारतीय समाज उनमें सिमट आया है? या, उनमें चित्रित परम्परा के अतिरिक्त अन्य स्वतन्त्र परम्पराएँ भी इस देश में थीं—जनजातीय, व्रात्य और क्षेत्रीय? धर्म और दर्शन से न जुड़ी हुई धर्मनिरपेक्ष परम्पराएँ क्या इस देश में विकसित ही नहीं हुईं? और अन्त में क्या यह परम्परा भारतीय समाज के उद्‌विकास की ऐतिहासिक प्रक्रिया के साथ न्याय करती है?

ये प्रश्न असुविधाजनक हैं, क्योंकि ये शताब्दियों द्वारा पोषित मान्यताओं का खंडन करते हैं। उन ग्रन्थों में अपने समय का भी सही अंकन नहीं है। उनमें आर्य-पूर्व संस्कृतियों की उपलब्धियों का आकलन तो क्या, उल्लेख भी नहीं है। इस देश में जो विराट् परम्परा विकसित हुई, उसने इन संस्कृतियों से भी बहुत कुछ लिया था। जनजातीय और क्षेत्रीय परम्पराएँ इस देश में सदा सशक्त रही हैं; उनकी अलग पहचान थी और आज भी है। भारतीय संस्कृति और परम्परा की संरचना में उनका योगदान भी उल्लेखनीय रहा है। व्रात्य संस्कृतियों में अपनी गत्यात्मकता थी और उनका योगदान भारतीय परम्परा के विकास में अत्यन्त महत्त्वपूर्ण रहा है। उन धर्मग्रन्थों में आदर्श समाज का प्रतिरूप था, पर उनमें समकालीन परिदृश्य और देश की सांस्कृतिक विविधता नहीं उभरी है। अन्य स्वतन्त्र परम्पराएँ भी देश में थीं और उनमें हुए आदान-प्रदान और उनके अन्तःसम्बन्धों ने भारतीय समाज और संस्कृति को उनका वास्तविक रूप दिया है। धर्मनिरपेक्ष परम्पराएँ वैचारिक संस्कृति, चिकित्सा, इंजीनियरी आदि क्षेत्रों में विकसित होती रही हैं और विराट् भारतीय परम्परा के विकास में उनकी भूमिका उल्लेखनीय रही है। भारतीय समाज के विकास की प्रक्रिया कभी रुकी नहीं और अपने उद्‌विकास के हर चरण में समय की चुनौतियों के प्रति उसकी भूमिका प्रायः रचनात्मक रही। वह धर्मग्रन्थों की परम्परा द्वारा निर्धारित लीक से हटा भी। परम्परा का सम्मान उसमें था, किन्तु संशय, विरोध और विद्रोह की परम्पराएँ भी विकसित होती रहीं, जिनसे भारतीय समाज को नई दिशा और गति मिली। शुद्धरक्त आर्यों की केन्द्रीय भूमिका को बार-बार दोहराना दुराग्रह है। भारतीय समाज के विकास ने गर्वीले आर्यों के आराध्य देवताओं को पदच्युत कर उन्हें दिशापाल बना दिया। प्राचीन मनीषियों ने चिरंतन की खोज अवश्य की, किन्तु अस्तित्व से जुड़े प्रश्नों ने नए मूल्यों और सामाजिक प्रकार्यों की खोज को भी समर्थित और पुरस्कृत किया। धर्मग्रन्थों में परम्परा की खोज एक अत्यन्त जटिल प्रक्रिया का अतिसरलीकृत और एकांगी

निरूपण है।

भारतीय परम्परा की सही समझ के लिए हमें भ्रमों का चक्रव्यूह तोड़ना होगा। हमारे वैचारिक क्षितिजों पर जो मोहक इन्द्रजाल छा गए हैं, उनसे मुक्ति के लिए ऐतिहासिक विवेक के आलोक में नई दृष्टि विकसित करनी होगी। पुराने मिथकों के साथ जो नए मिथक हमने विकसित किए हैं और करते जा रहे हैं, उनसे जूझना जरूरी है, क्योंकि वे छोटे-छोटे तात्कालिक लाभ भले ही दें, दीर्घकालीन परिप्रेक्ष्य में उनसे परम्परा की ऊर्जा का स्खलन होता है और हमारे सोच में विकृतियाँ आती हैं। काम कष्टसाध्य है, पर राष्ट्रीय अस्तित्व के लिए वह बहुत जरूरी है।

राबर्ट रेडफील्ड और मिल्टन सिंगर ने 'महान' और 'लघु' परम्पराओं की अवधारणाएँ विकसित की हैं और उनके अन्तः-सम्बन्धों के आधार पर भारत की जटिल सांस्कृतिक प्रक्रियाओं को समझने के प्रयत्नों को प्रोत्साहित किया है। दार्शनिक चिंतन के आधार पर प्राचीन भारत के मनीषियों ने मूल्यों और आदर्श समाज-व्यवस्था की जो परिकल्पना विकसित की, वही महान् परम्परा का आधार हैं। इसके प्रतिमानों को साक्षर समाज के एक बड़े भाग ने आंशिक रूप से अपनाया। समकालीन सम्प्रेषण के साधनों ने इनका प्रसार किया और उसके कुछ अंश क्षेत्रीय और स्थानीय संस्कृतियों ने भी आत्मसात् किए। जीवन-दर्शन, मूल्यों और सामाजिक व्यवस्था में, इस तरह, कुछ एकरूपता आई, किन्तु इससे जातीय, स्थानीय और क्षेत्रीय संस्कृतियाँ अभिभूत नहीं हुईं, उन्होंने अपनी अस्मिता की रक्षा की और अपने विशेषतासूचक चिह्नों को बचाए रखा। लोकाचार और लौकिक परम्पराएँ बलवती सिद्ध हुईं। उनके लघु परम्पराओं के—अनेक तत्त्व महान् परम्परा में प्रतिष्ठित हुए। जो परम्परा विकसित हुई उसमें दोनों के तत्व थे। महान् परम्परा मूलतः आदर्श प्रतिमानों का प्रतिरूप रही, लघु परम्पराएँ व्यवहारजन्य प्रमाणित हुईं। आज भी हमारी परम्पराएँ मूलतः जातीय, स्थानीय और क्षेत्रीय हैं, किन्तु उनमें महान् शास्त्रीय परम्परा के अनेक तत्त्व घुलमिल गए हैं। इस सम्बन्ध में मेक्किम मेरियट की लोकव्यापीकरण और स्थानिकीकरण की अवधारणाओं का उल्लेख भी आवश्यक है। स्थानिक—जातीय, स्थानीय, क्षेत्रीय—परम्परा के अनेक तत्त्व महान् परम्परा का अंग बने और नए सिरे से उनका लोकव्यापीकरण हुआ। एक विपरीत प्रक्रिया भी निरन्तर चल रही थी। महान् परम्परा के अनेक अंशों को लोक-परम्परा ने अपने ढाँचे में ढाल लिया, उनमें स्थानिकता का रंग चढ़ गया। इन अवधारणाओं की भी अपनी सीमाएँ हैं। क्या भारत में एक ही महान् परम्परा थी? जैन, बौद्ध, इस्लाम, ईसाइयत की परम्पराएँ इस श्रेणी में नहीं आतीं? स्वतन्त्र अस्मिता वाली परम्पराएँ क्या नगण्य हैं? क्या महान् परम्परा का परिमार्जन नहीं हुआ? क्या उसका रूप तो वही रहा, पर उसके निहित अर्थ नहीं बदले?

कुछ वर्ष पहले मैंने इस प्रक्रिया पर विचार कर भारतीय परम्परा की मुख्य

धाराओं पर अपन आरम्भक निष्कर्ष प्रस्तुत किए थे। पहली धारा शास्त्रीय परम्परा की है। इसमें भारत की सभी मुख्य धार्मिक परम्पराएँ आती हैं। यह जीवित परम्परा भले ही न हो और उसकी अभिव्यक्ति में एकरूपता न हो, किन्तु उसका दृश्य और अदृश्य प्रभाव व्यापक है। दो अन्य धाराएँ–स्थानीय और क्षेत्रीय–व्यवहार के आधार पर महत्त्वपूर्ण हैं। इनकी अलग पहचान है, पृथक् अस्तित्व है। इनके साथ तीन और धाराओं की मान्यता आवश्यक है। पहली धारा है राष्ट्रवाद के उद्रेक में परम्परा की ओर लौटने और पुनरुत्थान की। इसमें अनेक असंगतियाँ और विकृतियाँ भले ही हों, पर धारा शक्तिशाली थी–और है। दूसरी धारा है पाश्चात्यीकरण और अब आधुनिकीकरण की। तीसरी धारा है एक नई राष्ट्रीय परम्परा के विकास की। इस विश्लेषण की अपनी सीमाएँ हो सकती हैं, किन्तु इन सभी धाराओं को उनके अंतःसम्बन्धी आधार पर समझे बिना भारतीय परम्परा को नहीं समझा जा सकता।

अन्त में हम परम्परा से जुड़े कुछ ऐसे बिन्दुओं पर विचार करेंगे, जिनका सैद्धांतिक और व्यावहारिक दोनों दृष्टियों से महत्त्व है।

परम्परा का मूल रूप हम किसे मानें? पहली दृष्टि में यह प्रश्न अर्थहीन प्रतीत होता है, क्योंकि कोई भी परम्परा टकसाल से ढलकर नहीं आती, बनी-बनाई नहीं मिलती, उसका क्रमिक विकास होता है। बात यहाँ नहीं रुकती। वर्तमान की अनिश्चितताओं और क्लेश से त्रस्त होकर इतिहास के स्वर्णिम युग में लौटने की माँग उठाई जाती है। इन स्वर्णिम युगों का विश्लेषण हमें बताता है कि उनकी विसंगतियों और नई चुनौतियों का सामना कर सकने में उनकी अक्षमता के कारण ही उनका ह्रास हुआ। उनकी उपलब्धियाँ कितनी ही महान् रही हों, वे नई समस्याओं के नए समाधान खोजने में असमर्थ थे। क्या उस युग की संस्कृति में आज के प्रश्नों के उत्तर हैं? इतिहास की धारा को प्रत्यावर्तित करना असम्भव है? नई माँग है जड़ों की ओर लौटने की। नए धार्मिक आन्दोलनों का शुद्धतावादी रूप मूल तत्त्वों की ओर वापसी का आग्रह करता है। मूल रूप हम किसे मानें? प्रस्तर युग की संस्कृति को? बाद की आरण्यक संस्कृति को? आरम्भिक कृषि संस्कृति को? या उससे कुछ अधिक विकसित पर औद्योगिक क्रान्ति के पहले की स्थिति को? इन प्रश्नों का कोई समाधानकारक उत्तर खोज सकना कठिन है। ईसाई कहते हैं, हम जीसस क्राइस्ट के रहें। उसी युग में, उसी समाज में? कैसा व्यवहार किया था, उस समाज ने जीसस के साथ? क्या हज़रत मोहम्मद और उनके समकालीन समाज की जीवनशैली पुनः अपनाई जा सकती है? पैट्रो डालर संस्कृति के उदय के बाद तो अरब देशों में भी यह संभव नहीं हो रहा है और हिन्दू किस युग में, किस संस्कृति में लौटें? हिन्दू राष्ट्रवादियों के पास भी इस प्रश्न का कोई सन्तोषजनक उत्तर नहीं है। लक्षणात्मक रूप में ये माँगें मोहक लगती हैं, किन्तु उनका व्यावहारिक

पक्ष उनके सम्भव हो सकने पर अनेक प्रश्नचिह्न लगाता है।

क्या परम्परा ऐतिहासिक सत्यों पर आधारित है? और क्या समसामयिक जीवन को उसके उदाहरणों के अनुसार ढाला जा सकता है? इस बिन्दु पर हम पहले भी विचार कर चुके हैं। परम्परा में मिथक भी हैं, ऐतिहासिक तथ्य भी। मिथक सामाजिक तथ्य हैं, ऐतिहासिक तथ्य नहीं। उनकी उपस्थिति औचित्य-स्थापन की प्रक्रिया को उलझनभरी बना देती है। मिथकों की रहस्यमयता उनका आकर्षण है और उनकी कमजोरी भी। मिथक-संसार का तर्क सामान्य-संसार पर लागू नहीं होता। क्या इन्द्र का चरित्र आज के सन्दर्भ में अनुकरणीय माना जाएगा? उनकी पदावनति क्यों हुई? प्राचीन ऋषि-मुनियों का ईर्ष्या-द्वेष और सम्मान के लिए उनकी प्रतिस्पर्धा मानव समाज के लिए आदर्श उपस्थित करती है? बाली के वध का औचित्य क्या आज के तर्क को मान्य होगा? राम की सेना के महाबली योद्धाओं ने अपनी अपूर्व शक्ति किन जनकों से पाई थी? मिथक के तर्क ने स्थिति को स्वीकार किया, किन्तु आज के समाज में उसकी पुनरावृत्ति खलबली मचा देगी। कर्ण के साथ मिथक ने भी अन्याय क्यों किया? मिथक-परम्परा इतनी विशाल है और उसमें इतने परस्पर-विरोधी तत्त्व हैं कि उनमें से अनुकरण के उदाहरण चुनना हर कृत्य-कुकृत्य को जायज बना देगा।

तीसरा विचारणीय बिन्दु है : क्या सभी परम्पराओं को स्वीकार करना आवश्यक है? उत्तर स्पष्ट है। न कभी ऐसा हुआ है, न होगा। परम्परा कोई दैवी निर्माण नहीं है, अपनी आवश्यकताओं के अनुकूल तत्त्वों का चुनाव कर समाज उन्हें आकार देता है। यह मानवनिर्मित परम्परा भी निरन्तर नई आवश्यकताओं द्वारा अनुकूलित होती रहती है। आज का एकलव्य और समाज उस व्यवहार को सहन नहीं करेगा जो मौलिक एकलव्य को सहना पड़ा। नए सन्दर्भ में अस्पृश्यता अमानवीय है। नारी को न पूजा की जरूरत है, न ताड़ना की। वह सिर्फ समता चाहती है। असहमति, विद्रोह और सुधार की परम्पराओं ने न्याय की माँग उठाई। वे आंशिक रूप से सफल भी हुईं। परम्परा को बदलना स्वयं एक महत्त्वपूर्ण परम्परा है।

क्या परम्परा में नई चुनौतियों को स्वीकार करने की क्षमता है? इस प्रश्न का उत्तर 'हाँ' या 'न' में नहीं दिया जा सकता। यदि परम्परा को हम लीक पर चलना मानते हैं, तो उत्तर है—'नहीं'। यदि हम परम्परा की गत्यात्मकता को स्वीकार करते हैं तो अनेक सम्भावनाओं के द्वार खुल जाते हैं। परम्परा ने चुनौतियों का मुकाबला किया है। गाँधीजी ने परम्परा को नया मोड़ दिया, यद्यपि वे उसके विरोधी नहीं थे। नए अध्ययन बताते हैं कि परम्परा की ऊर्जा का उपयोग आधुनिकीकरण के लिए किया जा सकता है। जातीय सृजनशीलता विकास की प्रक्रिया को गति दे सकती है और अवरोधकों को दूर करने में सहायक हो सकती है।

एक अन्तिम बिन्दु और। क्या परम्पराओं का सहअस्तित्व सम्भव है? परम्पराओं में सहयोग भी हुआ है, संघर्ष भी। सहअस्तित्व के समीकरण स्थापित हुए, टूटे और पुनः स्थापित हुए। एक परम्परा का अहंकार दूसरी परम्पराओं में प्रतिशोध की भावना को जन्म देता है। सहयोगी दृष्टिकोण उनमें भ्रातृत्व स्थापित करता है और पारस्परिक आदान-प्रदान को भी सम्भव बनाता है। उद्दण्ड दृष्टिकोणों ने अनगिनत संघर्षों को जन्म दिया है। परम्परा का राजनीतिकरण आज की विश्व-व्यस्था की अस्थिरता का कारण है। परम्परा का सहअस्तित्त्व सम्भव है, पर इसके लिए हमें अपनी मानसिकता बदलनी होगी।

राजनीतिक स्वतन्त्रता, आर्थिक विकास और सामाजिक समता के आदर्शों में अब सांस्कृतिक स्वायत्त्ता का लक्ष्य भी जुड़ गया है। परम्परा की उपेक्षा नहीं की जा सकती। उसे दबाया भी नहीं जा सकता। सांस्कृतिक विविधता स्वाभाविक है, किसी रोग का लक्षण नहीं। वह यदि बढ़ती है तो बढ़े। अंकुश लगाना है सांस्कृतिक अहंकार और असहिष्णुता पर। साथ ही समूची मानवजाति के विकराल प्रश्नों को हल करने के सहयोगी और सहभागी प्रयत्न भी आवश्यक हैं। यह महान् लक्ष्य परम्परा की ऊर्जा और जातीय सृजनात्मकता के उपयोग के बिना प्राप्त नहीं होगा। विवेकसम्मत इतिहास-दृष्टि का विकास परम्परा की विकृतियों को दूर करने में सहायक होगा और उनके सहअस्तित्व को भी सम्भव बनाएगा।

[पण्डित कुंजीलाल दुबे स्मारक भाषण, रानी दुर्गावती विश्वविद्यालय, जबलपुर]

●●●